MUSA
El retorno de la Mujer Sagrada

Musa

El retorno de la
MUJER SAGRADA

Los Secretos de la
Amazona contemporánea

CHAMALÚ

encuentro

MUSA
El retorno de la Mujer Sagrada

Coordinación editorial:
Danú Hernández

Ilustración:
Sergio Jamaica

Diseño editorial:
Julieta Bracho • estudio jamaica

© 2019 Editorial Pax México, Librería Carlos Cesarman, S.A.
Av. Cuauhtémoc 1430
Col. Santa Cruz Atoyac
México DF 03310
Tel. 5605 7677
www.editorialpax.com

Primera edición
ISBN: 978-607-9472-63-4
Reservados todos los derechos
Impreso en México / *Printed in Mexico*

Dedicado

a Wayra, mi hija,

continuadora

de este linaje de

sabiduría.

Nota DEL AUTOR

Escribí este manuscrito a manera de legado, como un testamento que acopia experiencias y conocimientos recolectados y experimentados a lo largo y ancho de una vida dedicada al despertar de la mujer. Elegí el género epistolar y un estilo salpicado de prosa poética, para ejercer la libertad de usar el lenguaje traduciendo lo que siente mi corazón y presiente mi alma, más allá de las rígidas reglas gramaticales.

Escribí este manuscrito a manera de despedida, en el preciso momento que inauguro un curso virtual destinado a formar mujeres líderes, que recibirán la herencia del conocimiento y consagrarán sus vidas al despertar de otras mujeres, las que un día gestarán el mundo nuevo que soñé toda mi vida.

Después de cuatro décadas, decenas de libros y miles de conferencias y seminarios en los cinco continentes, me acojo al merecido retiro. Fueron 40 años repartiendo la fragancia de la sabiduría ancestral, dejando huellas en centenares de ciudades, atravesando gigantescas distancias, haciendo uso de mi libertad salvaje, siempre dispuesta a cruzar las prohibiciones necesarias, en una ruta de crecimiento que no se privó de las transgresiones indispensables para no detener mi crecimiento.

He cruzado montañas y selvas, océanos y desiertos, siempre buscando mujeres portadoras de sabiduría, guerreras de la vida que emanen conocimiento, abuelas que desde el misterioso ritual me compartan en silencio los enmarañados laberintos de la evolución humana y nuestro propósito en la tierra. En ese majestuoso itinerario, fui interceptado varias veces por problemas e incomprensiones, interpretaciones podridas por la envidia y egoísmos girando en torno a sus propios intereses. El silencio fue mi escondite y la coherencia mi territorio. Nadie puede desvalorizar la presencia sabia y actualmente invisible de las numerosas abuelas y abuelos, gente de sabiduría que conocí en estos 40 años de viajar para adentro y por el mundo. Fue en ese itinerario que desde el comienzo elegí la trinchera femenina, dando la espalda al quebradizo machismo, inservible para el mundo nuevo que anhelo.

Fui curado en la infancia por mi bisabuela, formado por mi abuela, influido por la fuerte presencia de mi madre y en la actualidad, acompañado por mi hija, ese es mi linaje de sabiduría. Más allá de mi condición masculina, he decidido acompañar al despertar femenino, participar de su silencio y su temblor, atravesar las críticas y situarme en la intersección, en el punto justo donde confluyen los opuestos, tejiendo a continuación las complementaciones necesarias.

Tengo el pelo largo y la barba blanca, la solidaridad disponible y la sabiduría generosa; mi voluntad es inoxidable; soy devoto de la naturaleza, de la vida y su felicidad. Admiro la fugacidad, me gusta la idea de no ser el mismo eternamente, valoro cada instante, lo presiento definitivo. Soy discreto, incansable, amigo de la mujer rebelde y adicto a la libertad.

Este manuscrito, constituido por una colección de 45 cartas, contiene las claves para rediseñar la existencia, son la síntesis de una filosofía de vida, que le permita a la mujer despierta navegar en la turbulencia de este tiempo. Entrelineas, alberga algunos secretos, reservados para quienes las relean con atención, además de incluir una propuesta práctica y una oportunidad formativa, todo, tenuemente insinuado, para que el alerta sereno actúe como instancia selectiva y control de calidad educativa.

EL RETORNO DE LA MUJER SAGRADA, más que un libro, es una propuesta para conducir tu vida a otro nivel. Es una filosofía de vida, reservada para mujeres valientes que están dispuestas a decir desde su forma de vida: NUNCA MÁS VÍCTIMAS y, a continuación, inaugurar la fiesta de su vida sin miedo ni remordimiento, con la pasión y el fervor de quien sabe que esa vida, con estas características, no volverá a repetirse.

Una advertencia final, se trata de un manuscrito fuerte y de efectos transformadores, reservado para mujeres con criterio y la libertad suficiente, como para tomar decisiones en su vida y encaminarla en la perspectiva, de esa soberanía existencial, territorio de la Musa. Este libro incluye, el aroma de la rebeldía y el pasaporte para abordar lo prohibido además de una contagiante nostalgia, porque la música de fondo, escuchada durante su escritura, sonaba a despedida. 🌸

CHAMALÚ
Escuela para aprender a vivir JANAJPACHA
Enero 2019-01-29

Cochabamba, Bolivia.

Introducción

"Quizá deba comenzar presentándome: soy hijo de la tierra, soy arrullo, aliento, aglomeración de ideas y algún sentimiento merodeando entorno a un recuerdo: TÚ.

Soy la hora que interrumpe la rutina, el transcurrir de la vida vestida de libertad, el surco disponible al afecto incondicional, la huella del tiempo revelando fugacidad. Si nos estamos marchando, como mínimo amémonos, tal vez el amor sea, lo más próximo a la eternidad.

Soy el sudor de la voluntad que no flaquea, el incansable soñador que comparte sus despertares, el ritmo de un tiempo que inevitable se fuga, el chirrido del silencio que se interrumpe para segregar versos.

Soy el retumbar de un anhelo y el rumor amoroso, que desarrolla su libertad, para compartirla con quien envíe destellos de esa misma libertad.

Si quieres sumar libertades, la condición es que no haya condiciones."

Con esa carta escrita en África, en el 2007, comenzaba mi itinerario epistolar, quizá sólo sea la expresión artística de un sentimiento, tal vez se trata de un legado, un compaginar de experiencias y conocimientos, o la transcripción de esa otra felicidad que no depende del entorno ni de las circunstancias. En cada página encontrarás de manera indisimulada, un ferviente deseo de insumisión, una alusión a la rebeldía e insumos para la disidencia de un modelo civilizatorio que entrena a la mujer para graduarse de objeto y, a continuación, adherirla a la religión del consumismo que tantas vidas ha consumido.

Somos responsables de gerenciar nuestra libertad con lucidez, de aprender a tejer intenciones, emociones, acciones y relaciones desde una poética vivencial que preserve lo sagrado y garantice el sentido de la vida. Nos amenaza la fugacidad, lo que convierte imprescindible prestar atención a lo pasajero; su carácter efímero garantiza una escasez que lo torna en valioso: cada día es por última vez, cada instante nos habla de la eternidad y se niega a detenerse, cada momento es una despedida de la oportunidad transportada.

Crecí rodeado de mujeres, soy la continuación de esa intimidad existencial, soy el heredero de esa herencia ancestral, legado multidimensional que me transformó, germinando en mi corazón el asombro y la magia, la inocencia y la rebeldía, el fervor de crecimiento y la fidelidad a una libertad que sólo quiere ser libre. De ellas aprendí que la felicidad es nuestra condición natural, el contexto sagrado donde se forja el amor, ese idioma vibratorio que se habla en todo el Universo. Despertarse no es otra cosa que restituir el nivel estético de la vida e ir por el mundo repartiendo belleza, es decir amor, oleaje en el que se abrazan lo ético y lo estético, germinando el sentido de la vida y la comprensión de nuestro propósito existencial, donde acontece la evolución consciencial después de haber recuperado la sensibilidad y la capacidad de reciclar el caos inicial, conduciéndolo hacia el éxtasis. La intención de este mensaje, es que tú y la vida plena, sean lo mismo.

Me asombra la deshumanización de la humanidad, me conmueve la moda de la infelicidad, los vaivenes consumistas, la entronización del zombie como modelo; "urgente recuperar la inocencia", me digo a mi mismo, esa transparencia que nos permita convertirnos en alquimistas y transmutar lo inferior, lo básico, lo animal y, desechando lo innecesario, abandonarnos a la intuición que nos permita descubrir el sagrado arte de vivir. Viví rodeado de mujeres. En mi infancia, Quintina, mi bisabuela, indígena Quechua, en ritual sanador, me devolvió la salud y la vida cuando la ciencia médica se había dado por vencida; ella sembró en el jardín de mi corazón las semillas de la sabiduría ancestral, que luego germinaron y crecieron, son precisamente esos frutos que traigo para compartir contigo en esta colección de cartas, secretas semillas con poder transformador. Juana, mi abuela aymara, crecí a su lado hasta la adolescencia. Ella me enseñó la fuerza del amor incondicional y el hacer las cosas por el placer de hacerlas; mi abuela, en sensualidad mística, disfrutaba en público de los cinco sentidos y, a solas, en la intimidad de su amada soledad, de ese sexto sentido, tan prohibido como imprescindible. Margarita, mi madre, me inició en la dialéctica sutil de la conexión con la naturaleza, ese acercamiento iniciático con la Madre Tierra. Con ella también aprendí la importancia del matriarcado, la abolición práctica de lo patriarcal, la insurrección femenina forjada desde la insatisfacción explosiva, cada vez que veía amenazada su libertad; la insumisión era su manera, la rebeldía su lenguaje, el poder jamás delegado, se ejercía con la fuerza o la sutileza que las circunstancias determinaban. Con mi madre descubrí que el sexo fuerte no es el hombre, que la mujer despierta posee indisimulable superioridad. La belleza y magnetismo femenino brotan de su libertad lúcida, de ese lenguaje corporal que destella magia; me consta que la mujer despierta escribe poesía con su cuerpo y expresa tantas cosas con su silencio.

Extraviado el linaje en mi generación, me tocó de manera provisional ocupar el legado que garantice la transmisión del legado de conocimiento, si prefieren puedo declararme feminista; en verdad las palabras no sirven para definir lo indefinible, la mujer es más fuerte cuando no está sola. Retomado el linaje, recuperada la herencia de sabiduría vivencial, descifrado el enigma, a la hora marcada, esta herramienta de conocimiento será entregada a Wayra: mi hija; ella fue convocada para continuar esta labor antes de la concepción, consagrada desde su nacimiento, educada en una visión donde la vida es la prioridad, la humildad el pasaporte, la reverencia la forma y el agradecimiento la constancia de una reciprocidad donde la energía fluye en oleajes de incertidumbre, recordándonos que la inseguridad es lo único seguro. Wayra, desde su juventud, cincela sin pudor ni rubor los contornos de su libertad, cree en la utopía, le atrae lo imposible y siente la imperiosa urgencia de vivir el presente, con la pasión y el desapego de quien ya sabe que la vida es movimiento.

Siempre sentí la amenaza de la fugacidad, detesto perder tiempo. Dinamicé mi crecimiento, por ello, desde mi temprana juventud busqué mujeres y hombres de sabiduría en distintas culturas indígenas, frecuenté las montañas y la selva, esas bibliotecas vivas; bebí con fervor de esos manantiales de conocimiento, recolecté abundantes semillas, las sembré en el jardín de mi propia vida y la luminosa cosecha recibida es lo que traigo para entregarte en estas cartas, son el esplendor de los frutos recogidos, que algunos llaman poesía. Me declaro tan importante como la hierba, presiento que estoy constituido con el mismo material que se hicieron las estrellas.

Los tiempos cambiaron, ahora resulta obsoleta cualquier manifestación machista, el molde patriarcal se muestra anacrónico, el pachacuti femenino ha regresado; en la concepción cíclica del tiempo, presenciamos el amanecer de una era femenina propicia para el despertar de la mujer y el reencantamiento del mundo. La mujer tiene el desafío global de hacerse cargo del mundo, después de despertarse y constatar que la vida es una experiencia única e irrepetible por la que es preciso pasearse con lucidez evolutiva; preguntarte por ejemplo, ¿qué significa para ti haber nacido mujer? O constatando vivencialmente que la vida en principio no tiene sentido, que vinimos a dárselo, porque en esa dinámica nos encontraremos, entonces, y no antes, podremos conocernos, transformarnos, amarnos y disfrutarnos. De eso se trata esta colección de cartas, mucho tiempo prohibidas debido al efecto despertador que poseen; admito que ellas son una amenaza para la estupidez que preserva lo insoportable.

Soy CHAMALÚ, nací entre los Andes y la selva de Bolivia, soy un anexo del Universo, he instalado mi residencia entre los sueños y la realidad, desde ahí pude hacer que mi vida, sea una obra de arte. Soy un constructor especializado en reconstruir existencias, pertenezco a la estirpe de los que aman la vida hasta sus últimas consecuencias, de los que viven en cada respiración, de los que presienten que la eternidad se esconde en cada instante plenamente vivido. Vine para entregarte una herencia disfrazada en forma de cartas, en ellas reafirmo que la vida es otra cosa y a continuación te presento las instrucciones secretas para acceder a ella y convertir tu vida en una obra de arte. ¿Será casual que esto llegó entre tanta gente, precisamente a tus manos? ✳

FRATERNALMENTE,
Chamalú

carta 1
Nadie nace mujer

ESTIMADA MUJER:

¿A qué he venido? me pregunto a tiempo de comenzar a escribirte. Hoy me levanté temprano, como siempre. Es el primer día del año, la gente duerme después de haber castigado a su cuerpo. Decidí comenzar a escribirte desde hoy; me siento optimista a pesar de la emboscada de malas noticias, los videntes de turno asustan con sus predicciones como una manera de salir del anonimato, algunas profecías se cumplen, otras se trasladan al próximo año, descarto las predicciones, prefiero la sorpresa que me mantiene alerta, el asombro que convierto en disfrute; me gusta pasearme por el bosque de la incertidumbre, seguro que lo inseguro está garantizado, decido llevarme bien con él, quien se prepara para graduarse de todo terreno, preserva la alegría de vivir y el placer de aprender de todo lo que nos pasa.

Acabo de retornar de mi silencio; es invisible mi indignación por la situación actual, demasiadas heridas a la Madre Tierra mientras la humanidad se degrada y la mujer, amputada de poder y sensibilidad, en ausencia de esas alas, permanece en una lamentable somnolencia existencial, justificando lo insoportable,

entrenada para ser su propio verdugo. Estoy consciente que transito territorios movedizos, el riesgo de ser
malinterpretado es tan real como mis sueños, acepto
el desafío: entregaré lo que un día recibí, doy fe que
funciona, mi aporte, es la envoltura poética elegida
como apología de la belleza, contexto sanador donde
la mujer reorganiza su campo energético. He decidido ir hasta el borde de la vida, si quieres acompañar-
me y recibir este legado, sólo tienes que identificar
las claves y secretos aquí contenidos, no es un juego
de palabras, son instrucciones precisas, sutilmente
vestidas de poesía, para protegerlas de quienes no
están en el punto de sensibilidad preciso. Es mi paraíso personal, aquí llueven arcoíris y el viento tiene perfume; los requisitos para ingresar son haberse
despertado y, a continuación, en un acto de suprema
rebeldía, tomar las riendas de tu vida en tus manos,
sabiendo que este iniciático viaje, por lo placentero
del mismo, no tiene retorno.

Comencemos recordándote que nadie nace mujer, que lo femenino no es cuestión biológica, que la
mujer se construye con ese trabajo interior que comienza habitando el presente y desde él, observándose para conocerse, conociéndose para transformarse,
transformándose para crecer y con ello, recuperar la
sensibilidad y el poder; nadie nace mujer pero todas
traen las semillas de esa potencialidad. Te preguntaste
¿por qué elegiste nacer mujer? ¿Sabes que hace poco
comenzó el PACHACUTY femenino, ese ciclo cronológico que facilita el despertar de la mujer, otorgándote la

posibilidad de ocupar un nuevo lugar, jugar un nuevo rol desde las características internas y externas, mágicas y místicas que implica ser mujer?

La mujer fue entrenada para subestimarse a sí misma, para sobrevivir dormida y, de esa manera, convertirse en enemiga de la mujer, más aún, si ella está insinuando despertarse; la mujer fue entrenada para traicionarse, para pasar por la vida sin darse cuenta lo que suponía estar viva; la mujer fue entrenada para garantizar el consumismo, para ser profundamente superficial, para aceptar como normal lo anormal, para reprimirse en nombre de la buena educación, para aceptar libremente la esclavitud y perpetuar el machismo, sin darse cuenta que la mujer sumisa es un mal ejemplo para las demás.

Sólo la mujer despierta está completa; no, no se trata de ser perfecta, pero es imprescindible haberse despertado y, a continuación, iniciarse en el aprendizaje del sagrado arte de vivir. Fundamental recordar que no se nace mujer, que esta condición es consecuencia de un riguroso y placentero trabajo interior, partiendo de la premisa que lo mejor que puedes hacer por ti es despertarte, para luego, aprender a vivir y graduarte de hija de la vida, garantizando esa soberanía existencial que a su vez te mantenga irremediablemente despierta, alerta y serena como felina dispuesta solamente a todo.

La mujer despierta tiene energía de reserva para seguir adelante, aprendiendo y disfrutando, incluso en la adversidad, posee una llamativa autosuficiencia emocional, sabe que nadie le dará la felicidad, salvo ella misma; sabe también que su dignidad le da la escala humana, que su vida será lo que ella decida hacer con ella, que nada esta predeterminado ni inmodificable, porque la vida es movimiento y cambio permanente. Sabe que tiene derechos y deberes, está consciente del deber existencial de aprender a vivir bien, que este comienza aprendiendo a respetarse a sí misma, a valorar las oportunidades e identificar sus potencialidades, herramientas para trabajar la misión que trae y garantizar su evolución de conciencia.

Despertar o no despertar, esa es la primera cuestión que toda mujer precisa responder. ¿Sabías que tu vida está en tus manos, que no existe nadie ahí arriba decidiendo por ti? ¿Sabías que te regalaron en tu visita a la tierra un libre albedrío que precisas aprender a gerenciar con lucidez? Si es necesario, comienza descartando al autómata que sembraron en ti, recuerda que quien no evoluciona, involuciona, retrocediendo hasta niveles animales y pre humanos donde sólo se vive al ataque o a la defensiva, en un contexto de estrés que pretende garantizar la supervivencia. Ocurre sin embargo que la felicidad es patrimonio exclusivo de la vida, que no es posible sobrevivir y ser felices al mismo tiempo, porque la supervivencia no es vida, sino lo que precede a ella y en la cual sólo precisamos hacer una breve escala técnica. Quien decide acampar en el infierno, debe saber que allá no llueve.

Comenzamos a vivir recién cuando nos despertamos, es decir la vida de la gente dormida no es vida, es mera supervivencia y en el mejor de los casos, grotesca pantomima. Permanecer dormida es detener la evolución; resulta sorprendente encontrar mujeres que viven satisfechas con su autoengaño, uniformándose cuando manda la moda y maquillándose con un barniz de felicidad. No aceptes aparentar lo que no eres ni vestirte de masculino como precio del éxito; tampoco aceptes vivir encapsulada por el miedo, atrapada en lo convencional, ninguna forma de sumisión es higiénica ni recomendable, recuerda que las nuevas generaciones te están observando. Ya sabes que no basta vivir al margen de la vida, recuerda que al despertar descubrirás que vienes mejor equipada que el hombre, por ello, estás llamada en tiempos como estos a recuperar tu poder y desde él, a gobernar tu sensibilidad y comenzar a construirte. Nadie nace mujer ni hombre, esto debe construirse a partir de ese despertar que es un segundo nacimiento, del primero nace la hembra, la biología, la anatomía y fisiología, pero la mujer es más, mucho más que genitales femeninos y ese es el trabajo inicial de la mujer que anhela ser MUJER.

Con esa intensión te escribo esta carta. Quiero invitarte a subir las escaleras de la vida, a recuperar tu sensibilidad y, con ello, desentrañar el misterio de tu paso por la tierra; con el tiempo descubrirás que tienes alas, que los límites son muros con ruedas, que los miedos son tigres de papel y la vida una fiesta de crecimiento y creación. Despertarse es comenzar a brillar, empezar a ser mujer, empuñar tu sensibilidad y atreverte a sentir y presentir, es entonces que el amanecer de tu vida habrá comenzado; la espada es el amor, el escudo el humor y la vida, el desconocido arte de vivir al cual podrás iniciarte con las instrucciones que esconden estas cartas. La próxima contiene las claves para convertirte en artista multidimensional y convertir tu vida en una sagrada obra de arte. 🌿

FRATERNALMENTE,
Chamalú

carta 2
El desconocido arte de vivir

ESTIMADA COMPAÑERA DE VIAJE:

Al fondo a la derecha no está la vida. Detente por un momento, éstas no son simples cartas, dirígete al espejo, ¿quién se refleja en él? ¿Sabías que No eres tu nombre ni la profesión elegida? Tampoco eres lo que te dijeron que eras y a esta altura de tu edad, no se admiten vidas inconclusas ni sensibilidades clausuradas. Permite por un momento que surja la duda, que las preguntas hagan fila por orden alfabético, deja que el efecto del movimiento sísmico se traduzca en crisis y que resulte insuficiente el cuento que te contabas para justificar lo que hacías, quizá la vida sea otra cosa y esté en otra parte, admitir esa posibilidad será el ardiente canto que reorganizará tu campo energético; al fondo y sin desviarte, profundizando cada experiencia, te encontrarás con la vida y su sentido, ese material será suficiente para acceder al desconocido arte de vivir. De eso se trata esta misiva.

Es tarde, sin embargo, aún estamos a tiempo; el arte es la ciencia de la energía creadora, el ejercicio multidimensional que nos permite tejer lo visible con lo invisible, reunir al pasado en el terreno del presente para fertilizar con ese conocimiento un futuro diferente. ¿Qué es la vida? Es una obra de arte que articula el instante con el detalle, el silencio con la palabra sagrada, el gesto corporal con la mística, el momento con la eternidad.

La mujer despierta es básicamente creadora, es la que feminiza los espacios y gesta una nueva humanidad en su matriz espiritual. Ella no se obsesiona con los parámetros de belleza convencional, pues sabe que en el fondo es otra estrategia manipuladora para controlar a la mujer. Ser hermosa físicamente no es suficiente ni garantiza nada; es preciso una belleza integral basada en el nivel vibratorio y exteriorizado en forma de magnetismo. La mujer despierta no busca ser hermosa en el quirófano, ella sabe que la belleza se constituye de elementos visibles e invisibles, cuida su apariencia y más aún su esencia, el sentido de su vida y la coherencia de su existencia. Ella descarta la obsesión por la apariencia externa y la juventud prolongada, se niega a desfigurarse el rostro con toxinas, se sabe artista y asume la responsabilidad de convertir su vida, toda su vida, en una obra de arte.

La MUSA –Mujer Sagrada, Sanadora, Sacerdotisa de su vida, Salvaje– sabe que la vida es un juego sagrado pero juego al fin, se sabe artista, dibujando cotidianamente la obra de arte de su vida, mientras su consciencia crece y cumple su propósito existencial. Ella permanece alerta, planifica e improvisa, fluye pero dentro de un plan cuidadosamente elevado a categoría de estrategia existencial.

La vida es una maravilla con acceso reservado y exclusivo a quienes se despertaron; la vida es un arte, constituido por el arte de renunciar como una manera de preservar la libertad, el arte de ser feliz sin más motivo que estar vivos, el arte de fluir, ese artístico ir por la vida descomplicadamente, jugando con las dificultades y fortaleciéndose con las adversidades; el arte de amar, de vibrar en la frecuencia que nos permite conectarnos al wifi cósmico y, desde ahí, sentir y saborear que todo es uno y todo está vivo; el arte de disfrutar, porque la vida nos ha regalado la posibilidad de hacer del placer el lenguaje multidimensional que nos otorga el pasaporte al éxtasis, la terapia sanadora con capacidad de reorganizar nuestro campo energético; el arte de estar en paz en esa blindada capacidad de permanecer serenas y alertas en medio del caos, convertidas en guerreras imperturbables; el arte de comunicarse esculpiendo el silencio con la palabra precisa en el momento justo, consciente que la palabra es sagrada y la comunicación puede tener efectos terapéuticos; el arte de aprender de todo lo que pasa, convertida en aprendiz de la escuela de la vida y, simultáneamente, desaprender lo innecesario, olvidando con facilidad todo aquello que no aporta en su crecimiento, disfrute o servicio; el arte de la solidaridad y la reciprocidad, que con características incondicionales se constituye en la parte práctica del amor; el arte de preservar la salud, escuchando al cuerpo, compatibilizando pensamientos con emociones y relaciones, en un contexto de creciente coherencia convertido en un estilo de vida que garantice el cumplimiento del propósito existencial; el arte de unir lo interno con lo externo, lo mundano con lo místico, en un tejido multidimensional en el que la mujer despierta está capacitada para realizarse con naturalidad, porque toda mujer en el fondo es una artista.

Elige cómo quieres vivir, ten claro desde ahora lo que es y lo que significa la vida para ti. ¿Sabes cuál es la cima de tu existencia?, ¿esa que quieres lograr en esta vida? Atrévete a cambiar lo que sea necesario. ¿Te imaginas diseñar tu vida como si fuera una obra de arte? ¿Sabías que desobedecer lo convencional también es un arte? ¿Sabías que en este tiempo y civilización reinventarse es un requisito existencial imprescindible para aprender el sagrado arte de vivir, que la clave son los instantes y los detalles? Sólo podría decir que estás viva si disfrutas de lo que haces, si crece tu consciencia con ello y ayudas a despertar a los demás.

No confundas la belleza con la apariencia, no admitas los cánones de belleza convencional que proponen medidas imposibles y una eterna juventud; cada edad tiene su encanto, cada etapa puede ser maravillosa. La energía desbordante de la primavera es tan hermosa como la energía radiante del verano, así como la energía mágica del otoño y tan hermosa como la energía sabia del invierno, de mirada profunda y silencio elocuente. Pon en tu ajuar la dimensión artística de la vida, entonces tu belleza brotará en forma de magnetismo encantador desde el movimiento de tu cuerpo, de la transparencia de tu mirada, de los sonidos con que esculpes el silencio, de la presencia que moverá la energía de manera distinta al resto, de las huellas que dejes que continuarán hablando de ti, incluso en tu ausencia; esa es la belleza que interesa a la mujer despierta, lo otro es cáscara con maquillaje, en el fondo, un autoengaño más en esta sociedad donde la gimnasia del disimulo está siempre de moda.

Diseña tu particular estilo de vida, pon armonía y equilibrio a todo nivel, ese es el contexto en el que germina la felicidad; no trates de ser perfecta, la mujer despierta está preparada para todo, incluso para fracasar. La vida es un laboratorio de alquimia. Es posible convertir lo inferior en superior, los fracasos en enseñanzas, transformar lo feo y desagradable en lo que tú precisas; recuerda que la vida es un tejido que precisa ser hilvanado artísticamente, pero que al ser una experiencia total requiere nuestra entrega absoluta, sin miedo ni prejuicio.

La mujer despierta, convertida en Musa, fabrica sin temor la vida que sueña, comprende que no la comprendan, sabe que la mejor venganza es el amor, es más, decide vengarse produciendo belleza, ahí se consolida la artista vivencial, ella sabe que tiene que vivir como artista, con simplicidad y elegancia, con creatividad y excelencia, con pasión y desapego. Ella sabe que más allá del caos está la artista, que el arte es libertario y liberador, que vivir es fabricar buenos momentos, hermosos recuerdos que un día tendremos que contarlos, como parte de la herencia vivencial que dejaremos a nuestros descendientes, ella está consciente que la vida es un tejido hilvanado entre muchas pequeñas cosas.

Para ejercer el arte de vivir sólo es preciso adelgazar los temores y elevar el sentido estético de cada momento, permitiendo que la libertad trepe hasta el techo de todas las prohibiciones; es sumergirse totalmente en cada acción y poblar la soledad de autoconocimiento; es teñir de pasión todo lo que hacemos sin acostumbrarse a nada, porque todo es provisional. La artista vivencial es compañera íntima de la vida, viajera de su espacio interior, coleccionista de crepúsculos, gusta de comenzar el día usando un collar de amaneceres, sabe que cada instante es una brasa y que el calor de esa presencia viva dura sólo un instante; está consciente que el cielo es el límite, que todo es posible de una u otra manera. Para ejercer el arte de vivir sólo falta encender la voluntad junto con los ojos al despertar, agradecer la gentileza del Universo de regalarnos un nuevo día, preparar oportunamente las alas de la libertad para fluir seductoramente, acariciando tempestades y jugando con las adversidades; ella sabe, desde que se graduó de artista vivencial, que va por la vida dejando huellas de fuego, que los que vienen atrás agradecerán por su efecto inspirador.

Tengo buenas noticias para ti en la próxima carta, quiero hablarte del ocaso del machismo y de la recuperación de tu poder. Hasta la próxima. ✦

FRATERNALMENTE,
Chamalú

carta 3
El ocaso del machismo

ESTIMADA VIAJERA:

A las palabras superficiales se las lleva el viento, asegúrate de otorgarle el peso que le asigna la reflexión a este mensaje. Quiero tejer contigo una estructura comprensiva, que te permita salir de una tradición diseñada para impedir a la mujer altos vuelos y magia cotidiana. Soy una persona dedicada a repensar las cosas; desde el otoño de mi vida confieso haber atravesado turbulencias y adversidades, artificios y paradigmas sospechosos, ahora, a esta altura de mi vida, me dedico a organizar mis recuerdos, a alinear mi conocimiento y dejarlo en tus manos con un estilo poderosamente poético, centrado en lo que toda mujer necesita saber.

Soy fiel a mi consciencia y, en coherencia con ella, admito la superioridad de la mujer despierta; conozco multitud de varones que no van más allá de lo cotidiano, de las necesidades básicas, del pensamiento convencional, del materialismo y el estatus, de lo laboral y la rivalidad con sus colegas de género. Las excepciones resultan irrelevantes cuando veo a mis compañeros unánimemente carcomidos por la banalidad. En ese contexto emerge la mujer despierta, seductoramente revolucionaria, quizá la vida sólo sea una velada evolutiva a la que debemos acudir llevando el alma y la consciencia, ese mundo interior que nos precedió y que nos sobrevivirá a la partida.

Desde el punto de vista de la vida, todo indicio patriarcal, toda expresión machista es una aberración existencial. La provisionalidad de nuestra existencia debe ser suficiente para aprender a vivir bien, evitando convertir nuestra vida en un mausoleo donde se pudre la felicidad devorada por los gusanos de la infelicidad. ¿Qué es el machismo? Es la filosofía anti femenina que se empecina en convertir a la mujer en un objeto, para negar su indisimulable superioridad. Es también una relación de poder que jerarquiza la sociedad, instalando a la mujer en niveles de subordinación, de sumisión e ignorancia existencial absolutamente inaceptables. El patriarcado es una estructura social que privilegia al hombre, el machismo es violento en sí mismo porque el hombre sólo puede imponerse a la mujer en fuerza física; ahí nace la sociedad violenta, el feminicidio, los insultos machistas, las visiones sexistas, el micromachismo, la desigualdad de oportunidades y el pago inferior a la mujer por un trabajo similar al del hombre.

La debilidad es inherente al hombre, el machismo es antimasculino; si le dicen al hombre miles de veces que no debe llorar, se volverá experto en reprimir sus

emociones y en vez de llorar, más adelante se infarta-
rá. En este contexto te propongo reemplazar la queja por la acción creadora, hablar más en femenino
y ¿por qué no decir "gerenta" o "pilota"?. ¿Por qué
continuar aceptando que se recomiende, directa o indirectamente la sumisión? Al contrario, visibilicemos
la opresión invisible que se realiza a la mujer mientras
se le prepara para tareas secundarias e invisibles. Te
propongo también renunciar definitivamente a usar
el lenguaje de la víctima, en verdad no te dejó, se fue;
con ello reafirmas desde cada palabra usada tu soberanía existencial. Ya está claro quién es el sexo fuerte.
No es violenta la mujer feminista que se atreve a
decir NO a lo que no tiene sentido, es violento el sistema que la prefiere en roles secundarios, es violento
el hombre que agrede a la mujer, incluso en forma de
violencia psicológica.

Te propongo usar más en femenino las palabras;
no preocuparte cuando algún amigo te pregunta criti-
cándote: ¿todavía soltera? Como si el destino de toda
mujer fuese el matrimonio; aclárales que soltera no es
sinónimo de disponible. Detrás de un gran hombre,
hay una mujer, pero también al lado, delante y por
encima. En un contexto de igualdad en la diversidad,
luego que él admita tu superioridad, proponle que tú
prefieres que sea tu igual; enfatiza en la propuesta:
practicar la igualdad en la diversidad, pero que las
decisiones sean tuyas, o en un escenario de consenso.

Se habla mucho de violencia de género, pero sólo
se habla; decir "siempre fue así" no valida lo inacep-

table, asegúrate de no reproducir en pensamiento, palabra o acto, las prácticas de este sistema patriarcal que ha destruido millones de mujeres. Habitamos el siglo XXI, pero la opresión cotidiana a la mujer continúa; el paradigma convencional sugiere como normal la agresividad masculina y la sumisión femenina. ¿Sabías que la violencia está asociada a consciencias dormidas? No esperes que te valoren, valórate tú; admite que muchos hombres aún habitan la prehistoria, al parecer, se eximieron del proceso de humanización. No propongas la igualdad de género si eres superior; presiento que la mujer que anhela ser igual que el hombre adolece de baja autoestima.

El machismo afecta la autoestima de la mujer. El machismo es un sistema de poder que refuerza la violencia y las guerras, la injusticia y la discriminación a la mujer; el patriarcado precisa la institución de la familia convencional para preservar el poder del hombre y la sumisión de la mujer, aunque sea bajo forma de violencia invisible. Recuerda que la violencia machista es para preservar el sistema patriarcal, ese orden social que se asienta sobre estructuras familiares y se refuerza en la instancia educativa. Aún en este tiempo es posible encontrar al machismo paseándose con total impunidad en la mayoría de las aulas de nuestras escuelas.

Proponemos prácticas libres de género, despatriarcalizar la sociedad, democratizar las tareas del hogar, diseccionar al machismo para constatar que por dentro, carece de contenido válido. Proponemos también explicar el mundo, desde lo que siente y percibe la mujer; basta de historias contadas exclusivamente por narradores masculinos, de palabras y códigos que inferiorizan a la mujer. Se afirma falazmente que en la actualidad la mujer tiene igual trato que los hombres, bien sabemos que esa afirmación esconde una intención legitimadora del machismo. La supremacía masculina es un grave error que llevó al mundo hasta donde se encuentra actualmente.

Me motiva saber que no estoy solo en esta trinchera crítica, algunos hombres se adhieren solidarios, en principio son intenciones que intentan escabullirse a lo antiestético indisimulable. Volveremos sobre el punto, antes de ello, quiero referirme a las necesidades innecesarias, esa trampa en la que caen muchas mujeres. Te espero en la próxima carta, te sugiero que vengas con la mente abierta, dispuesta a desintoxicarte totalmente. ✪

UN ABRAZO,
Chamalú

carta 4
Las necesidades innecesarias

ESTIMADA COMPAÑERA DE VIAJE:

Celebro estar vivo, con independencia de la emboscada de malas noticias. Es medio día, verano, dice el calendario; hay fuego en mi interior, anhelo de vivir la vida al máximo, como mínimo, quiero una felicidad desmedida, tocar el cielo con mis manos, saborear cada instante sin permitir que ninguno se consuma en vano. Admito la inseguridad, la profundidad del océano de la vida, la fugacidad del navío prestado para navegar por todos los estados emocionales, síntoma de estar viviendo la vida. Siento calor, quizá es simplemente mi pasión por la vida; es verano, fue otoño, será invierno y luego el silencio de un recuerdo... ¿Dejarán mis huellas el perfume de mi fervor existencial?

Habito un tiempo agachado, devaluada la existencia, la civilización contemporánea se empecina en contarnos el cuento de la vida al revés. Miro a la izquierda y veo gente acarreando su vida a cualquier parte; contemplo a la derecha y observo personas ebrias de infelicidad, participando de rituales de consumo que consumen sus vidas. Una lágrima pegada a la mejilla recuerda infelicidades duraderas, alguien viste de negro mientras otra preserva la depresión, esa tristeza del alma presintiendo su estéril existencia.

En circunstancias como éstas, analizarlo todo es un deber, desarrollar la habilidad de darse cuenta oportunamente, no creer todo lo que vemos o escuchamos, las apariencias esconden intenciones e intereses, en la sociedad de zombies no se enseña a reflexionar, podría ser un atentado contra la somnolencia recomendada. En lo tecnológico la obsolescencia esta cuidadosamente programada para aparentar un ciclo de vida natural, mientras el consumismo consume con mayor intensidad, a sus más devotos consumidores; la cárcel en este tiempo es mental y se llama "zona de confort", en realidad es una celda invisible donde todo está programado para que los cambios no cambien nada y se preserve una asfixiante rutina que renueva apariencias en forma de moda, una manera consensuada de ponerse de acuerdo sin preguntar a nadie, para que todos se disfracen de manera similar en nombre de la moda que garantiza el ejercicio del grotesco arte de no ser uno mismo.

En este contexto, donde estudian nuestro cerebro para saber cómo vendernos lo que no necesitamos, pensar críticamente es un deber existencial, una cuestión de honor vivencial y una manera de convertirnos en humanos. El pensamiento crítico nos diferencia de los robots y de los animales y nos conduce a una vida con calidad; recuerda, pensando críticamente te CONVERTIRÁS en persona. Piensa, incluso en contra de lo que pensabas.

Pensar críticamente es una necesidad que todos precisan desarrollar para no dejarse llevar por el sinsentido o la masificación. Te propongo, en este sentido, pensarte y pensar críticamente, exigir coherencia, basar tus afirmaciones en evidencias y cuando el contexto lo requiera, creer para ver. Te propongo también hacerte amiga de la claridad, hablar y actuar con precisión, vivir con profundidad, aprender a interpretar lo que pasa desde la óptica de tu filosofía de vida, no importa que para la sociedad sea normal vivir para trabajar, comprar lo innecesario y llenar la casa de cosas mientras la vida continua vacía de plenitud y trascendencia.

Vivir para acumular no es vivir. Respiro profundo, admito mi perfil libertario; anduve por la vida empuñando mi ternura, a esta altura permanece bien afilada, soy consciente que la única venganza recomendable es el amor. ¿Te das cuenta que el consumismo consume el planeta y la salud de sus habitantes? El consumismo es la enfermedad de una civilización que privilegia el lucro y la acumulación, el individualismo y la apariencia, es de todo ello que precisas independizarte, para ello, sólo necesitas repensar tus prioridades, identificar tus necesidades innecesarias para descartarlas, consciente que cuanto menos necesites, más libre serás.

¿Sabías que se implementó el consumismo para fomentar la producción y el crecimiento? En esa lógica capitalista se recomienda cultivar necesidades innecesarias, consumir por consumir para mantener activa la economía y el aparato productivo. ¿Sabías que te tocó vivir el tiempo del *hommo consumens*? Ese grotesco humanoide que se dedica sólo a producir y consumir hasta morir prematuramente, consumido por lo que consumió, ¿Sabías que el consumismo daña a la Madre Tierra, la destruye y contamina, la llena de basura y, usando el neuromarketing y las neuroventas, nos hace comprar lo que no necesitamos? ¿Sabías que el consumismo devora la biosfera y la capacidad de la Pachamama de mantener vida en su seno? ¿Sabías también que desde la publicidad se fabrican necesidades falsas y que el consumismo es lo opuesto a una vida sostenible y equilibrada? Porque en la sociedad de consumo nos inducen a aprender lo que no sirve para luego con esos diplomas obtenidos, trabajar en lo que no nos gusta y con el dinero obtenido comprar lo que no necesitamos.

En este modelo de sociedad la idea es gastar dinero, nos hicieron creer que ello da status, es más, nos vendieron el consumismo como algo natural, cuando en verdad es un sinsentido, es un simple vacío con máscara, una economía basada en el engaño que ha terminado convirtiéndonos a todos en clientes y al planeta entero en un gigantesco mercado. Identificar necesidades innecesarias no sólo es un acto de rebeldía, es también un deber existencial de toda mujer que se respete, de toda mujer que al despertarse comience a hacerse cargo de las riendas de su vida. ¿Sabías que no se enseña filosofía en las escuelas por temor a que la gente joven se dé cuenta que casi todo es mentira?

En este sentido te propongo permanecer alerta, serena, disfrutando, vestida con la flexibilidad reglamentaria que toda mujer que descubrió la vida necesita. Una mujer que posee simultáneamente una mirada crítica y una actitud abierta; sé crítica y también autocrítica, ten la humildad de admitir la posibilidad de equivocarte, no almacenes ningún temor, menos aún a las supuestas represalias por ser tú misma; descarta prejuicios, escucha argumentos, maneja objeciones sin enfadarte, realiza en silencio, para ti misma, preguntas cada vez más inteligentes que te permitan abrir la reflexión necesaria para ir por la vida consciente, dándote cuenta que estás viva y, simultáneamente, de paso. Descarta toda necesidad innecesaria para preservar tu libertad intacta; asegúrate que tu vida tenga el perfume de la felicidad, el misterio de tu condición lunar, el disfrute de la mujer que no se priva de nada bueno y el relámpago de tu autenticidad traducida en presencia plena y magnética.

El resplandor que proyecte tu mirada será tu mejor presentación; polvo seremos, dice la biblia, antes de ello seamos fuego... ¿te animas? Si tu respuesta es afirmativa, quiero que me acompañes a visitar la fábrica donde se elabora la infelicidad y otras alimañas. Te espero en la próxima carta. ✯

FRATERNALMENTE,
Chamalú

carta 5
Cómo se fabrica la infelicidad

ESTIMADA VIAJERA DE LA VIDA:

Admito mi profunda pasión por la vida, no soy de los que se quedan con las ganas, ni de los que se cuentan cuentos para fundamentar sus represiones. Quiero dejar escrito mi legado de conocimiento, es íntimo, novedoso, incluye asperezas verbales tal como siento la vida, hay verdades que incomodan y afirmaciones que dejan entrever una postura crítica ante esta sociedad. Desde ese día en que, después de una crisis existencial, en mi temprana juventud, decidí no escamotear mi plenitud, ni aparentar lo que no registra mi corazón. Desde aquel tiempo busco amaneceres para extasiarme y atardeceres para inspirar nuevos aprendizajes. Un día me prometí compartir lo recolectado en los jardines de la vida, esta es mi devolución. Luego de aclimatarla a tu coyuntura existencial, de constatar su validez integral, puedes compartirla con otras mujeres.

Prohibido adaptarse a la infelicidad, ese lamentable estado en el que la vida deja de latir en coherencia con el Universo. Para empezar, comencemos admitiendo que la felicidad depende exclusivamente de ti; podrán las circunstancias salirse de tus manos, podrá el entorno ser adverso, podrán las personas que te rodean actuar de manera inesperada, sin embargo, tu bienestar interior continúa dependiendo de ti. Comienza observándote, explora tus áreas vulnerables, trabaja en ellas una por una hasta convertirlas en fortalezas; observa también tu modalidad perceptiva, la manera como interpretas las cosas, experimenta el placer de la imperturbabilidad, con el sólo detalle de interpretar lo que pasa de manera distinta a lo oficial; recuerda que las personas son programadas, que la mujer es entrenada para la subordinación, para la sumisión, para autoreprimirse en nombre de la educación o de los buenos modales. Es posible interpretar un problema como un desafío, una adversidad o como un recurso para fortalecerse; trabaja con detenimiento sobre tu manera de interpretar los diversos acontecimientos de la realidad y sentirás el inmenso placer de la imperturbabilidad, ese poder interno de no estar sujeto a los constantes cambios del entorno; estar bien o mal depende de ti y no de las cosas que pasan o la presencia de buenas o malas noticias, estar bien o no es parte de las cosas que jamás se delegan.

También podrías mirar tu sistema de creencias, ésas que tienen poder sobre tu vida, la mayoría de ellas fueron sembradas con el ejemplo en la vida familiar o vía educación, con la no declarada intención de prepararte para ser una más del rebaño. Sin embargo, a medida que te vas despertando, te irás dando cuenta de lo que realmente eres, de lo que puedes ser, lo que anhelas ser, y diferenciar lo que no es tuyo, lo que fue sembrado malintencionadamente en ti, lo que nada tiene que ver con tus sueños y potencialidades. Ese es el trabajo interior que recomendamos y, en ese contexto, comenzar ¡es tu decisión!, mantener las creencias que quieras y descartar las demás, para ello, no tienes que pedir permiso a nadie, es tu vida y tú eres la soberana de ella.

La infelicidad, junto con la ignorancia diplomada y la enfermedad son inducidas porque de esa manera la mujer es más rentable y se pasa la vida insatisfecha buscando consolarse en los centros comerciales, sacando de paseo a su hastío existencial y sometiéndolo a la engañosa terapia de comprar por comprar. ¿Quieres mantenerte infeliz? Simplemente repite lo que hace la mayoría: acepta que la vida es un valle de lágrimas, que naciste para sufrir porque eso es lo

normal; victimízate, acusa con frecuencia o culpabilí-
zate, comienza el día sin agradecimiento ni entusiasmo, aférrate fanáticamente a cualquier religión, ello
equivale a correr con los ojos cerrados renunciando a
la oportunidad de tener tu vida en tus manos.

Maneja tu vida entre la infelicidad y la insatisfacción, entre la queja y el pesimismo; por el sendero
de la infelicidad, la vida es sólo para dar vueltas, re-
pitiendo lo que hacen los demás, con la rigidez reglamentaria y los hábitos precisos para preservar esa
infelicidad elevada a categoría de normalidad. Vive
con miedo, garantízate una cotidiana rutina, que a su
vez garantice el aburrimiento, el cual podrás resolver
con abundantes dosis de televisión o intercambio de
banalidades en las redes sociales; cultiva el apego y la
dependencia, preserva el estrés y las malas influen-
cias, come cualquier cosa, en especial la comida rápida
y con abundante azúcar, consume bebidas de colores
sospechosos y que tienen el respaldo de gran publicidad;
asegúrate de no tener tiempo para ti, posterga lo que
amas, descarta tus sueños, vive para trabajar porque
de esa manera tendrás más dinero, que luego deberás
invertir en recuperar tu salud.

Si tu objetivo es preservar la infelicidad, el sedentarismo es recomendable, así como una vida sin objetivos
elevados, sin reflexión, sin autocrítica, sin consciencia.
De esta manera podrás ser adicta a las redes sociales
y pasar desapercibida, la mayoría va en esa dirección.
Si lograste ser esclava del trabajo, el resto sólo consiste en endeudarse sin auténtico motivo. Hablar mal de

los demás también contribuye a la preservación de la infelicidad, excederse o tener carencias, pensar que la felicidad es imposible, cultivar baja autoestima y un largo etcétera, que podrías copiar de cualquier vecina o pariente porque la gente vive así y como la infelicidad es tan practicada, pasa desapercibida adquiriendo un estatus de normalidad. ¿Ya miraste cómo viven tus amistades?

Si estás dispuesta a abandonar los fétidos senderos de la infelicidad, si llegas al punto de comprender que la infelicidad es inducida para mover la economía, si no quieres seguir malgastando tu vida, si ya conoces el sabor de la infelicidad y te sabe a rancio, si viste como viven tus amigas y no te identificas con ese antiestilo existencial, si te niegas a ser una más de las que vegetan, si no quieres morirte sin haber descubierto la vida en su versión plena; si constataste que ninguna mujer podrá alcanzar su realización personal estando reducida a labores domésticas, y esto no supone descuidar las responsabilidades en casa, sino que éstas no sean un fin en sí mismas, sino que sean parte de un plan de vida mayor que incluya aquello que amas y los recursos que están haciendo crecer tu alma; entonces, este mensaje, esta filosofía de vida es para ti. ¿Sabías que en muchos casos se puede vencer al cáncer si previamente se derrota a la infelicidad?

Ahora que ya sabes cómo se fabrica la infelicidad, ¿permanecerás infeliz? Recuerda que es posible ser feliz de manera permanente, sin embargo, es preciso redefinir la felicidad. En otra carta te hablaré al respecto, antes de ello quiero imaginarte ávida de nuevos aprendizajes, incómoda con la infelicidad, caminando decidida por las rutas de crecimiento, enternecida por los nuevos aprendizajes, motivada para hacer de la vida una aventura de crecimiento y creación, dispuesta a desplegar tus potencialidades, convencida de la caducidad de esa sospechosa normalidad que incluía infelicidades y otras tonterías ahora claramente identificadas.

Quiero verte dispuesta a fabricar los cambios necesarios, vibrando en tiempo y espacio con la pasión encendida y los miedos apagados; no, no es un milagro lo que proponemos, es simplemente apuntarse a la dinámica transformadora de una vida consciente, es reorganizar las constelaciones de intenciones, átomos y potencialidades que tienes, para enfocarlas hacia tu propósito existencial; eso es suficiente para derribar definitivamente la infelicidad y posibilitar la conjunción de intenciones, emociones, acciones y relaciones en la misma perspectiva, con la finura y frescura de quien se sabe artista y simultáneamente dueña de su vida. Quiero complementar este mensaje, hablándote de la oveja negra, una apología de la rebeldía como condición previa al despertar. La próxima carta es decisiva. ✱

FRATERNALMENTE,
Chamalú

carta 6
Me rebelo, luego existo

ESTIMADA BUSCADORA:

He caminado por la vida abriéndome paso entre dolores e infelicidades, evitando los callejones del sinsentido, los mercados donde las banalidades innecesarias se barnizan de necesidades. He caminado entre ciénagas de frivolidad, en medio de falacias que devoraban existencias; he tropezado algunas veces con miedos intentando persuadirme; he respirado adversidades y he sentido temblores, bordeado crisis y abismos donde el vacío entierra los mejores sueños; he palpado máscaras y degustado el amargo sabor de la hipocresía. Estuve aislado, acompañado, escondido, expuesto, abriendo oportunidades, cerrando puertas; aquí en la tierra encontré el paraíso y también el infierno, he visto muertos caminando por las calles y gente matándose por nada.

Después de vivir todo, he apostado mi vida a favor de la vida y me he sumergido en el río perfumado de la felicidad, allá donde llueven pétalos y la plenitud tocan el cielo con las manos y al regresar de esos estados he dicho: "me rebelo de esta civilización, me rebelo del estilo de vida convencional, me rebelo del rebaño recomendado, me declaro la oveja negra", y al rebelarme he constatado que mi existencia, por fin, ha comenzado.

Nadie me vio desembarcar en esa decisión, nadie contempló mi unánime y definitiva opción; sin embargo, desde entonces y nunca antes, me siento extrañamente original, es como si la vida en su versión plena se dejara palpar como diciéndome que ella está reservada para valientes. De eso quiero hablarte en esta carta; cuando aludo a la rebeldía no estoy refiriéndome a una actitud eventual, a un impulso fugaz o a una moda pasajera; estoy hablando de un estilo de vida, respaldado por una filosofía integral que nos prepara para abordar la vida con todas sus consecuencias. Estoy consciente que vivir auténticamente es provocador, admito que romper reglas me encanta, cuestionar vacas sagradas, no pedir permiso para ser yo mismo, atreverme a desafiar todo lo que me impide volar; estos son los ingredientes del *buffet* de mi vida.

De todo esto vine a hablarte hoy; vine a ratificarte que tienes permiso para sorprender y desconcertar; si tienes el valor de trasgredir, entonces tu vida empezará a ser tuya y todo lo que en ella anheles; atreverte abrirá el sendero en la selva de la vida, por donde vendrán las nuevas enseñanzas y los nuevos hábitos que precisas para refundar tu existencia. No sé lo que el mundo piensa de mí, en verdad no me importa porque en realidad no creo en el mundo, existen personas, cada uno es una historia, trato que mi vida no dependa de nadie, haz lo mismo, sáltate lo normal, atrévete a cambiar, atrévete a todo lo que necesitas, ser transgresora significa avanzar empujando obstáculos, atreviéndose a ir más allá de lo convencional y lo aceptado.

¿Sabías que no necesitas que te comprendan todos? Si tienes tu tribu, tu red de confianza y afecto es suficiente. Envía a la basura a la opinión pública, recuerda que ser tú misma es un deber existencial y un acto de valentía, lánzate al río de la vida y aprende a fluir, un poco de locura saboriza la vida. Atrévete a todo lo que sea necesario, haz lo que quieras, desde la lucidez y el corazón porque la vida está al otro lado del miedo, en la orilla de enfrente de lo convencional.

Sólo tienes que ser tú misma, ese es el primer acto de valor existencial y a continuación permitir que la vida se apodere de ti. Hay quienes dicen: "cuando la vida decida", el detalle que olvidan es que la vida eres tú. El resto es básicamente decir tu verdad, dejar las huellas inspiradoras que tú quieras dejar; viajar, no importa dónde, importa viajar como una escuela itinerante de autoconocimiento. Imagínate que la vida te invita a recorrer hasta sus más pequeños secretos; ¿te animas a vivir diferente? Si tu respuesta es afirmativa, sólo requieres elaborar un plan, establecer tus prioridades, prepararte para lo elegido y, absolutamente desprejuiciada, hacer lo decidido y si es necesario escandalizar: ¡hazlo! ¿Oveja?... Nunca más, a partir de ahora: LOBA.

Hace falta ser valiente para apartarse del rebaño de lo convencional y ser tú misma; tú eres tu causa, no hay más motivos, puedes ser tú misma con tranquilidad. ¿Sabías que radical proviene del latín *radix*, que significa raíz? Esa eres tú, recuerda esto: si la mujer es doblemente oprimida entonces le corresponde ser triplemente rebelde, triplemente creativa y amorosa, es por ahí, realmente no hay donde perderse.

Intentaron dominar a la mujer, los últimos tres milenios fue la característica fundamental de esta civilización; la discriminaron, la persiguieron, la quemaron, pero ella continúa de pie en cada mujer que disfruta, que se atreve a expresar lo que siente. Fue lacerada su carne pero su consciencia, ahora despierta y devorando todos los miedos fabricados, se apunta a la vida generando el asombro y los incendios necesarios. No hace falta pedestal, tampoco nuevas mártires, sólo precisas ocupar el lugar que te corresponde, dejar huellas distintas para el despertar de las nuevas generaciones, tener claro tu propósito, unir todos tus pedazos y reinstaurar la magia. No permitas que nadie más examine tu soberanía, la barbarie antifemenina debe concluir; rebelarse también puede ser un arte, el resto, explorar la vida en sus infinitas posibilidades.

Esa es la Musa que inspira estas cartas, la amazona que un día me permitió consagrar mi vida, el regreso de la mujer sagrada. Al concluir esta carta, con alivio vienen a mi memoria creciente cantidad de mujeres rebeldes poniendo de pie su sensibilidad y su poder, mujeres diciendo definitivamente NO, a lo que no tiene sentido. Te rebelas para inaugurar tu existencia, esa es la clave y no requieres permiso de nadie para comenzar a conspirar a favor de tu vida. Quiero ocuparme de otro tabú en la próxima carta y que comprendas por qué la peor educación es la que la sociedad considera la mejor. ✶

FRATERNALMENTE,
Chamalú

carta 7
La mejor educación es la peor

ESTIMADA APRENDIZ:

No hacen falta minuciosos estudios para darnos cuenta que la educación actual es inservible y perjudicial. Tenía 15 años cuando constaté esta falacia, propuse a mis padres dejar de estudiar, se preocuparon por mi futuro, negocié con ellos estudiar por las noches, de esa manera tuve abundante tiempo para deambular por el bosque vecino, incrementando mi sensibilidad; leía todo lo que caía en mis manos y me enamoré de la vida, en su versión de inolvidables atardeceres y majestuosos amaneceres con colores de flores que duraban un día o cantos de pájaros agradeciendo el día transcurrido.

Lo convencional era para mí un oprobio, la infelicidad una traición, mi bienestar era el argumento predilecto, mi sed insaciable de conocimiento ese resorte que me impulsaba a salir de un salto de la cama, dispuesto a comerme el mundo cada día. Hice del asombro mi territorio, aprendí a coexistir con la incertidumbre, comprendí la fugacidad en la flor que llenaba de colores mi día, pero que al anochecer se marchaba para siempre. Soy testigo directo de contundentes embestidas, cuando la duda evolucionaba en forma de confusión y mi vida parecía un laberinto sin salida; constaté también que el tiempo es un enigma, que la mujer es un apasionante misterio, que la belleza está en todas partes; sin embargo, permanece reservada para quienes se atrevieron a despertarse. Entonces me dije a mi mismo: "la vida eres tú y estás hecho de átomos, partículas invisibles que antes habitaron montañas, que jugaron a saltar acuosas inventando cascadas, que poblaron árboles milenarios repentinamente concluidos por un rayo o panteras sigilosas caminando imperceptibles por la penumbra de la vida".

No nacemos humanos, nos humanizamos como consecuencia del proceso educativo. Nos negamos a ser parte del festín grotesco que fabrica zombies consumistas, nos negamos a entregar nuestra vida tan breve, nuestro tiempo tan finito, nuestra energía tan provisional en su versión humana, a los rituales necrófilos donde las nuevas generaciones se entrenan en las habilidades sociales y financieras, desconociendo por completo el sagrado arte de vivir; ese es el aprendizaje fundamental. Mientras no aprendamos a vivir con impecabilidad, coherencia y manejando adecuadamente nuestras variadas energías articuladas a nuestro propósito existencial, mientras no seamos artistas multidimensionales apuntados conscientemente a la dinámica evolutiva, los variados diplomas que podamos obtener en aspectos externos y técnicos, no evitarán nuestra indisimulable ignorancia existencial.

Es en este contexto y, para no dar la espalda completamente a la educación convencional, afirmamos sin temor a exagerar, que la mejor educación es la peor. Estoy pensando en las escuelas y colegios, donde casi todo lo que allí se imparte es inservible para vivir bien; es en ese sentido que proponemos elegir para nuestros hijos, nietos y sobrinos, las escuelas que menos tiempo les roben, las que menos les exijan, las que no envíen deberes para casa. Los niños precisan mucho tiempo libre, estar en la naturaleza, moverse mucho, expresar lo que sienten, el juego como su manera natural de meditar y, con ello, posibilitar el normal y natural desarrollo cerebral. En las escuelas está prohibido todo lo necesario, con lo que comienza un proceso destructivo, caracterizado por la implementación de habilidades autorrepresivas, abolición de la creatividad, anulación de la espontaneidad y represión de la energía emocional a favor de supuestos buenos modales, generadores en el fondo de procesos psicopatológicos.

Necesitamos para las nuevas generaciones y para todos, en especial para las mujeres, escuelas para aprender a vivir, lugares donde se posibilite el desarrollo de sus potencialidades, de su sensibilidad y la habilidad de manejar esa energía interior. Necesitamos escuelas para que cada estudiante se conozca y descubra los misterios de la vida; precisamos escuelas de felicidad, escuelas de sabiduría, escuelas donde se desarrollen las habilidades existenciales que permitan a los estudiantes de cualquier edad, estar en condiciones de vivir con felicidad y salud, con amor, libertad y paz, aprendiendo a fluir descomplicadamente, a identificar su misión con base en la comprensión de sus talentos y pasiones, desarrollando la capacidad de diseñar un estilo de vida, donde el crecimiento interior esté garantizado.

No son sólo palabra ni meras intenciones. En septiembre de 1990, en Cochabamba, Bolivia, fundamos en un espacio de varias hectáreas, una comunidad- escuela para aprender a vivir; Janajpacha es su nombre y ella continúa funcionando, impartiendo de manera vivencial esta filosofía de vida. Hace pocos años, creamos también junto con Luana, la Escuela de Felicidad y, desde ella, brindamos a las personas, en especial mujeres, cursos vía internet, compartiendo estas enseñanzas, ayudándolas a descubrir la vida y ofreciéndoles un conjunto de oportunidades desde la cuales puedan rediseñar su vida, incluso alternativas que les permitan unir misión con profesión, logrando la imprescindible independencia financiera para las mujeres que quieren dejar de trabajar en algo que detestan. Estamos en ello, no son sólo intenciones, es un estilo de vida diseñado para revolucionar existencias completamente y posibilitar una forma de vivir desde la felicidad y la realización personal. Quienes ya se han encontrado con esta propuesta, están agradecidas porque en verdad, la vida es otra cosa.

Comienza siendo crítica de la educación convencional que no educa, que sólo entrena para la producción y el consumo, continúa conservando intacto el optimismo, se pueden hacer muchas cosas, es sólo cuestión de iniciativa, creatividad, algunos contactos y una voluntad pétrea; recuerda que la voluntad es asistente y seguidora de la pasión, que ella es quien debe encender el fuego de la iniciativa y el emprendimiento. A continuación, aprender a desaprender, desintoxícate de todo conocimiento innecesario para luego aprender a aprender. Despliega tu alerta sereno, estar atentos es el primer requisito de todo buen aprendiz, aprende rápido, aprende de todo lo que te pasa, aprende de todos; preserva la humildad, atrapa toda oportunidad, las personas son bibliotecas vivas, las biografías son poderosamente inspiradoras.

No des importancia a los diplomas, menos academia y más vida, apuesta sin embargo a la formación permanente en todas partes y a cualquier edad. Genera en ti el hábito de lectura, atrévete a tener las experiencias necesarias, viaja más, para adentro y para afuera, que importe menos el lugar y más la experiencia; viaja como aprendiz de la escuela de la vida.

Elige para tus niños las peores escuelas, así tendrán más libertad, más tiempo y oportunidades para aprendizajes valiosos que tú misma debes posibilitar de manera extracurricular. Envía tarde a tus niños a la escuela, si puedes evitar el preescolar, hazlo, los niños que comienzan tarde la escuela, por ejemplo a los siete años, tendrán más ventajas en su vida futura. Cuando ellos, ya jóvenes, terminen el colegio, no te apresures a enviarlos a la Universidad, que se tomen un tiempo, uno o dos años conociéndose, aprendiendo otras cosas, viajando, haciendo voluntariados, permitiéndose los necesarios baños de realidad y viendo cómo funciona el mundo. En ese proceso se irán conociendo y podrán elegir cómo quieren vivir, los talentos que poseen y las cosas que aman hacer; esa es la mejor orientación vocacional, el contexto preciso para la toma de buenas decisiones.

Volviendo a hablar de ti, luego de generarte un hábito de lectura, acostúmbrate a seleccionar buenos libros, la mayoría deberán ser descartados. Busca libros inspiradores, autores de auténtica sabiduría, biografías de gente que aportó al mundo. Preserva en todo los casos la humildad; la soberbia es indicio de insoportable ignorancia, recuerda además que la vida misma, con todos sus imprevistos, es una escuela de humildad. Sólo es humilde quien confía en sí mismo. Toma un mentor en las áreas que te interesa desarrollar, elige un maestro, no necesitas depender de él, pero sí poder consultar tus dudas y guiarte desde su sabiduría y experiencia de vida.

Desarrolla tu capacidad de desaprender, de desintoxicarte ideológicamente, especialízate en identificar oportunamente gente con vocación castradora, para evitarlos; invierte en ti misma, en formación integral dirigida a la vida que elegiste para ti; cuando viajes hazlo como aprendiz o voluntaria, nunca como turista, ya sabes que los títulos no cuentan, lo que precisas es aprender a vivir y fundamentalmente, ten tiempo para ti. Estoy convencido que educar a la mujer, transforma la sociedad.

Vamos a dejarlo aquí, volveremos sobre el tema educativo. He frecuentado el optimismo, mis amigos dudan de mi equilibrio mental, mi felicidad permanente les parece sospechosa, dialogo con la vida constantemente; lo que escribo, lo transcribo desde lo que siente mi corazón. Imagino un mundo poblado por gente pacífica y feliz, libre y respetuosa de la diversidad, no es un anhelo nuevo, sólo que en mi caso, apunto a un mundo gobernado por mujeres despiertas. Desde el crepúsculo de mi vida, desenfundo esa intención, se arremolinan mis ganas, mis sueños permanecen despiertos. Las ideas que te he compartido y este anhelo, son lo que me mantiene despierto, la lluvia del pesimismo ya no me moja, busco mujeres felices, para repoblar el planeta tierra, ¿conoces alguna?

En la próxima carta, quiero compartirte la sorprendente sabiduría ancestral y su vigencia en este tiempo. Ahí te espero. ✷

FRATERNALMENTE,
Chamalú

carta 8
La sorprendente herencia de la sabiduría ancestral

ESTIMADA COMPAÑERA DE CAMINO:

Noches luminosas, fragancias de piedra, campanas de viento, semillas con latidos, estrellas que guiñan, amores que por ignorancia se lanzan al abismo del apego, infelicidades impuras, idiomas que no admiten palabras pesimistas, lluvia multicolor y llanto de felicidad. Hay otras miradas, cosmovisiones que arrancan en otros ángulos de la vida; mi abuela desgranaba su sabiduría en forma de cuentos vespertinos, usaba estrellas para iluminar su camino y el viento de la noche para activar sus alas. Siempre pensé que para ella todo era posible, más aún desde que me dijo que otra anciana sabía el canto de la lluvia y comprendía el idioma de las piedras.

Existen otras manera de abordar la vida, otros paradigmas para decodificar la realidad; es pequeña la vida y grande la ignorancia, al misterio le gusta esconder su rostro, el tiempo carece de pudor y se muestra cíclico, la tierra produce feliz cuando nos amamos en su piel, pobre no es quien carece de dinero sino aquél que no aprendió a vivir oportunamente y luego cree que ya es demasiado tarde. Algunos sueñan que están despiertos y se conforman con migajas, otros acamparon a la intemperie de la vida, allá donde la rutina garantiza que no pase nada, sólo un tiempo que envejece y algunos cuentos para perpetuar el autoengaño.

Ahora que aprendí que a la vida se puede llegar desde varios caminos, dilato mis respuestas, apresuro mi paso, despliego todo mi alerta, contrasto mis objetivos con la misión que poseo. Me gustan los instantes ardientes y las sorpresas que garantiza la diversidad, sospecho de la cordura; tanto enfermo mental, quizá sólo sean sensibilidades mal entendidas o déficit de realismo. Desde nuestra cosmovisión, los ancianos poseen sabiduría y la gente especial se vuelve sanadora, su inteligencia sutil, que otros llaman desequilibrio, es la capacidad de abordar la vida desde su carácter multidimensional, entonces, ellos se convierten en los traductores de la madre tierra y de sus múltiples lenguajes. Es en ese sentido que nosotros no precisamos psiquiátricos ni hace falta aislar a los que poseen capacidades diferentes a las habituales.

Soy consecuencia de la presencia sanadora de mi bisabuela quechua y su medicina indígena, crecí bajo la luz de otra cosmovisión desde la cual es posible germinar otras formas de vivir, donde la vida es lo más importante, ello supone otra comprensión de la vida, un abordaje desde el Pacha, termino andino que nos dice que nada está separado, que todo está vivo, porque el pacha es la suma de todas las formas de vida; la propia muerte desde este paradigma es la vida de otra manera, en otro tiempo, en otro Universo.

El Pacha es la unidad inseparable del tiempo y el espacio, que posibilita en términos terrestres, la biosfera que habitamos, ese océano de energía en movimiento constante, ese fluir de circunstancias en eterno devenir, esa danza de partículas que a veces juegan a disfrazarse de ondas y que nos atraviesan caprichosamente como si no existiésemos. El pasado es el abono donde germina el futuro; el presente es el puente fugaz entre dos eternidades, ¿te das cuenta que nada es eterno excepto la eternidad?

Despertar es comprender la diversidad que nos habita y la multidimensionalidad que poblamos, aprender a vivir incluye este detalle; urgente aprender a vivir con la multipolaridad, con el entrelazamiento invisible de todo, con un vacío que en vez de separarnos nos une, posibilitando experiencias de sanación a distancia. Vivimos el presente pero recreamos el futuro, somos chacana, el puente multidimensional entre lo visible y lo invisible, sabemos que el tiempo avanza en espiral, al interior de una intención cíclica donde todo se repite sin repetirse, por ello siempre es posible hacerlo de nuevo, por primera vez.

Urgente potenciar otras cosmovisiones; vivir bien incluye un paradigma alternativo y el reaprendizaje de la vida comunitaria. Sabemos que sin comunidad no hay individuo, sin tribu, sin klan, tu poder estará debilitado, las mujeres necesitan de otras mujeres para moverse como el agua. Buscamos equilibrio a todo nivel, un equilibrio entendido en su dinamismo; buscamos armonía entre todos los elementos de la vida, porque de eso depende la salud y la felicidad, tanto del individuo como de la comunidad; proponemos la solidaridad y la reciprocidad como los rieles sobre los cuales se desplaza la vida social, incluimos en nuestras reflexiones a las generaciones futuras, no somos antropocéntricos, nuestras comunidades incluyen no sólo a los humanos.

Se trata de aprender a complementarnos con el Pacha, nuestra cosmovisión reivindica principios éticos y saberes ancestrales, esa es la base de nuestra filosofía de vida, la competencia entre nosotros termina siendo negativa si anula la posibilidad de cooperarnos. Desde esta cosmovisión, buscamos tener para poder compartir más, tenemos claro que el individuo no puede estar por encima de la comunidad o de la

Madre Tierra; no somos igualitaristas, nunca seremos iguales, menos mal, porque la igualdad suprime la diversidad, nuestro mejor patrimonio. Valoramos la vida en relación armónica con la Madre Tierra, simultáneamente privilegiamos una existencia consciente, con rigurosa autoobservación y reflexión constantes; valoramos la vida comunitaria sabemos que quien no aporta al bien común, es un parásito.

En este sentido, admitimos la importancia de descolonizar la mirada acercándonos a una comprensión de la vida más integral y completa. Queremos recuperar el diálogo didáctico con el pasado, sanarnos de la mutilación de sabiduría, reinstalando en nuestras vidas, cosmovisiones originarias desde las cuales la vida y su aprendizaje, eran una prioridad. El pasado no es lo que queda atrás, el presente incluye pasado y futuro, las contradicciones y el desequilibrio momentáneo, son parte de la dinámica transformacional que es preciso saber manejar; desde otros paradigmas, desde la mirada de la sorprendente sabiduría ancestral, todo se mueve en ciclos o Pachacutis, en oleajes de equilibrio dinámico que incluye contradicciones que, sin embargo, se resuelven sobre la marcha, posibilitando cambios y nuevos ciclos.

En este contexto, crecer es buscar nuevos equilibrios; entendemos por equilibrio al punto de armonía en movimiento que se da gracias a la complementariedad del otro, de los otros, por ello no precisamos destruir al diferente, sino encontrar la manera de complementarnos, sin olvidar que es parte del todo. Nuestro objetivo es saber complementarnos en la diversidad y de esa manera salir ganando todos, es por ello que valoramos y disfrutamos de la diversidad, es por ello también que discrepamos con la igualdad que apunta a la homogenización. La globalización oficial no nos interesa, nuestros antepasados globalizaron la sabiduría en un contexto de reciprocidad y solidaridad, ajenos a fronteras artificiales y paradigmas impuestos. Queremos evitar toda forma de sometimiento individual o cultural, buscamos aprender a ver con nuestros propios ojos, volver a explorar antiguas-nuevas formas de convivencia, mirar con más profundidad hasta reencontrar lo sagrado y desde ello la magia de la vida.

Reaprendido a ver todo distinto, dejaremos de estar atrapados en creencias asfixiantes y objetivos engañosos, entonces, estaremos en condiciones de comprender que no se trata de tener más sino de ser más felices, más libres, más auténticos. En nuestra cosmovisión no somos propietarios, no hace falta acumular cosas, es imprescindible reapropiarnos de las riendas de nuestra vida y tener la capacidad de conducir nuestra existencia hasta las cimas más altas de nuestra realización personal.

Para terminar, quiero decirte que te quiero solamente viva, insoportablemente feliz, ya sabes, antes disponíamos de una sabiduría para guiar nuestras vidas, nuestras abuelas tenían tiempo, silencio y toda la Pachamama a su lado; hoy precisamos refugiarnos en las canteras de la sabiduría ancestral, su vigencia es sorprendente, son viejas novedades, abundante polen que puedes convertir en miel. Cuando comprendas la existencia de otras formas de vivir, tu vida habrá inaugurado la etapa más hermosa, el paisaje más inolvidable y la transformación más radical y permanente. Comienza a revolucionar tu casa, ya sabes que toda transformación auténtica comienza contigo. Quiero, a continuación, desarmar juntos al piloto automático y mostrarte que sobrevivir no es lo mismo que vivir; en realidad, quienes se resignan a sobrevivir dieron la espalda a la vida definitivamente. Te espero donde ya sabes que puedes encontrarme. ✳

FRATERNALMENTE,
Chamalú

carta 9
Desarmando el piloto automático

ESTIMADA LUNA:

Desde temprano estuve pensando la situación actual del planeta. Me encuentro junto a una montaña, en otro tiempo sagrada; el follaje de mis preocupaciones se muestra intenso, me incomoda lo que veo, la prueba es innegable, los infelices han colonizado el mundo, hasta parece normal lo anormal. No acepto el conformismo ni la resignación, quiero tocar la piel de la plenitud con mis manos, quiero besar a la vida en la boca, divulgar las claves de la existencia, interponer objeciones a esta civilización que nos prefiere dormidos. Me aventuro a pensar por mi cuenta, a sacar mis propias conclusiones, a vivir bajo mis propias reglas, a redefinir los términos más usados; si mi vida no está en mis manos, no me interesa la vida, es decir, la supervivencia recomendada.

Salgo a la calle, no sé si saco a los perros o ellos me sacan a mí, me cruzo con un vecino, su mirada está perdida, su vacío es indisimulable; otra vecina transporta un racimo de angustia, comienza el día y ya parece cansada, igual que un adolescente que arrastra su cuerpo mientras mira la pantalla de su teléfono. "Necesito una paciencia inacabable, me digo a mí mismo", descansaré haciendo lo que amo, dejaré huellas que instiguen a la insumisión, vivir no es sobrevivir, pronuncio estas palabras en voz alta, rechazo lo convencional, la infelicidad no es insignificante, está contaminando la tierra y dando mal ejemplo a las nuevas generaciones; no justificaré el vacío ni haré concesión a la frivolidad, respiro profundo, contengo mis ganas, las convierto en decisiones, presiento que el sistema nos acosa, que pretenden enterrar nuestros sueños y asustar al soñador; cuando damos la espalda a la vida todo deviene en mera supervivencia, ése es el parking existencial donde se detiene la vida.

Definitivamente vivir no es sobrevivir, es más, quienes optan por resignarse a la supervivencia recomendada terminan negándose a la posibilidad de descubrir la vida y sus encantos. La supervivencia cuestionada se caracteriza por una mediocridad existencial, por una infelicidad crónica, por una rutina asfixiante a la cual, sorprendentemente, la persona se ha adaptado con ayuda de la educación oficial y la religión, que promete felicidad en el más allá, a cambio de un estoico sufrimiento aquí.

Para sobrevivir no hace falta estar conscientes, tampoco es preciso haberse despertado, sobra todo trabajo interior y resulta innecesario cualquier intento de autoconocimiento. La vida del que sobrevive está guiada por el piloto automático, el cual forma parte de los mecanismos de conservación y supervivencia; él está programado genéticamente para ello, no es preciso que aprenda su labor, sabrá manejar la vida en su versión de supervivencia, comerá cuando tenga hambre, beberá al sentir sed, su consumo estará orientado por lo que la publicidad o la mayoría realiza, puede incluso conducir un auto sin que la consciencia este presente, su escenario oscila entre la acción y la reacción, se enfada cuando lo provocan, se alegra ante una buena noticia, su ficticia felicidad depende de la ausencia de problemas o algún estímulo que considera positivo.

La gente manejada desde su piloto automático vive en su zona de confort, donde practica la reglamentaria rutina que caracteriza el modo zombie de existencia. Sus áreas de interés se limitan a la atención de las necesidades básicas, lo trascendental, el trabajo interior y todo indicio de autoconocimiento es un idioma que no entiende ni le interesa; su pensamiento es concreto, se trata de producir y consumir, de mejorar el nivel de consumo, de tener un poco más que el resto y, a continuación, aparentar tener lo que

carece, la gimnasia del disimulo es parte de su normalidad, el status reemplazó a su consciencia, se imagina
feliz, pero en el fondo desconoce la felicidad.

La diferencia entre un poste y un árbol es que éste
último crece mientras que el otro permanece inmó-
vil un aforismo que caracteriza al que sobrevive es:
"yo soy así", con lo que ratifica su carácter estático y
su indisimulable ausencia de crecimiento. Los sobrevivientes celebran cada cumpleaños como si todo se
encontrara bien, se felicitan y dan regalos sin darse
cuenta que en realidad poseen un año menos de vida
y que el año transcurrido fue desperdiciado al igual
que el anterior. A los supervivientes les parece normal estudiar lo que no sirve, para trabajar en lo que
detestan y con el salario obtenido comprar lo que no
necesitan. También les parece normal vivir así, ven
que el amigo, el vecino y el pariente viven de la misma
manera; habitualmente ellos no se hacen preguntas
de fondo, si alguien se atreve a preguntarles por el
sentido de su vida, por ejemplo, se molestan o no llegan
a entender la misma, concluyendo de manera brusca
la conversación.

Vivir no es sobrevivir; son situaciones, niveles de
consciencia y estilos de vida diametralmente opuestos;
a vivir se aprende, para sobrevivir estamos natural y
genéticamente programados, el detalle es que quien
se limita a sobrevivir no puede ser feliz, porque supervivencia y felicidad son incompatibles. La supervivencia incluye estrés y una felicidad ficticia, anclada
a circunstancias o personas; incluye además el anhelo

de un trabajo de por vida, una especie de cadena per-
petua laboral que lo celebra al conseguirlo, soñando
con su libertad cuando llegue la jubilación; el consue-
lo habitual del fin de semana es el alcohol, en otros,
las drogas de moda que anestesiando el alma hacen
soportable lo insoportable. La mitad de los supervivientes jamás llegaran a jubilarse y se marcharán con las ganas de…, tantas cosas que amaban hacer sin encontrar
nunca el valor o las condiciones para realizarlos.

Los sobrevivientes suelen ser personas normales que hacen cosas normales, algunos se esfuerzan
por ser buenas personas, por lo menos de la puerta para afuera. A determinada edad, según manda
la opinión pública, buscan una persona con quien
compartir su vida, la eligen en un contexto de enamoramiento garantizando su autoengaño, que lo resuelven tiempo después con un divorcio que les habilita para repetir el mismo error, dos o más veces.
Algunos tienen fama de ser buenas personas, otros
son exitosos y su fama les enceguece aún más, con lo
que la posibilidad de darse cuenta que están viviendo una mentira disminuye.

Sobrevivir es pescar cerca de la orilla, evitando rigurosamente adentrarse a mar abierto, es reproducir
lo conocido y cumplir todas las reglas, es manejarse
entre miedos y el cuidado de las apariencias, es endeudarse como todos y enfermarse oportunamente, correr como corresponde para garantizar en el torrente
sanguíneo la suficiente dosis de adrenalina, la idea es
vivir constantemente al ataque o a la defensiva.

Cada sobreviviente dispone del descontrol emocional adecuado o la capacidad autorrepresiva suficiente para preservar el estilo de vida adoptado, una modalidad existencial donde la vida es secundaria, la felicidad imposible, la libertad encadenada por los miedos y el amor reducido a libreto conyugal, institución oficial donde se otorga permiso legal para ejercer la energía sexual sin tener el mínimo conocimiento de ella.

Antes de despedirme quiero recordarte que vivir es hacer girar cada instante hasta identificar la oportunidad que incluye, es soltar el pelo de la libertad y dejar que su rebelde cabellera se escurra a lo largo y ancho de todas las prohibiciones; es acariciar el silencio y profundizarlo sin pudor y convertir el paso del tiempo en crecimiento, es sacarle chispas a la vida encendiendo pasiones inéditas y placeres alimentados con las sorpresas de una existencia donde nada está garantizado, pero casi todo es posible. Vivir no es sobrevivir; está claro. Hace falta, sin embargo, el valor para ser tú misma, el hierro de la voluntad, la fantasía de la creatividad, la profundidad de la reflexión, la paciencia del agua que taladra la roca, la sensualidad de la hora vespertina, que cuando llega la oscuridad se viste de luz para hermosear la noche.

No todo es fácil, sin embargo, la dificultad está más en la manera de percibir las cosas; no te amarres a nada ni nadie, preserva tu fuego y tu propio viento, desgrana tus experiencias cuando te toque compartir, déjate llevar por la vida y sus sorpresas, elige el rumbo que quieres para tu vida y, a continuación, fluye desprejuiciadamente; asegúrate de ser todo terreno, recuerda que en ti germina la fuerza de la tierra, la magia de la luna, la fluida capacidad de no complicarse de Mama Khocha –el agua– y la sabiduría inscrita en tu cuerpo, en tus cuerpos, procedente de otras vidas y abordable intuitivamente. Ellos te quieren sobreviviendo, déjame decirte que la vida no perdona a quienes no se atreven a bailar con la música de la vida plena.

Continuemos desatando más secretos. A continuación me referiré al vacío existencial que amenaza tantas vidas y el arte de dar sentido a la vida. ✳

FRATERNALMENTE,
Chamalú

carta 10
Vacío existencial y sentido de la vida

ESTIMADA BUSCADORA:

La vida es impredecible, por ello me encanta este detalle de la eternidad que me permite sentarme, observarme, sentirme, conocerme, transformarme y expresar lo que germina en mi interior en un contexto de libre albedrío donde es imprescindible estar preparado para las sorpresas. A los 15 años me volví loco; eso dicen mis parientes, los que me llevaron al psiquiatra. Sospecho que la cordura no es normal, que el vacío existencial genera confusiones que se diagnostican como desequilibrios, cuando en verdad son incrementos de sensibilidad y apertura de canales de nuestra inteligencia sutil.

El humano ignora la vida, desconoce la zona de misterio y se empecina en vivir unidimensionalmente, cuando invisiblemente habitamos otros universos. En realidad somos más invisibles que visibles, estamos subdivididos por cuerpos y repartidos en varias vidas; los hechos son sólo una parte de lo que realmente vivimos, somos la metáfora que el Universo nos propone desentrañar.

Los hombres somos menos mágicos y más predecibles; las mujeres bajo el influjo de la luna sorprenden, encantan e invaden serenidades, generando descontroles de las que luego son víctimas. Si quieres jugar con fuego, es preciso convertirte en especialista en domar volcanes y arriar huracanes; el vacío existencial de moda en el mundo masculino genera reacciones instintivas y pensamientos básicos; es necesario conocer el mundo donde predominan las víctimas y los verdugos. Hay quienes pretenden resolver su vacío existencial cambiando de dieta.

Me asombra tanto vacío, aprender a vivir implica romper la racha de la estupidez y las destrezas afines; no más cadáveres prematuros ni más cuerpos sin alma. Soy CHAMALÚ, he atravesado mi desértico vacío oportunamente, he reencontrado mis alas de la mano de la disciplina y la constancia, he tomado la decisión de apostar mi vida a favor de la vida, entonces, el Universo restituyó mi capacidad creadora, incrementó mi sensibilidad y me devolvió el poder interior, desde el cual puedo controlar mi descontrol, direccionar mi energía y reencontrar mis raíces. De eso precisamente tratan estas cartas.

En realidad, la vida por sí sola y de manera automática carece de sentido. El humano, a diferencia de las demás especies, no viene con un GPS genético, podríamos decir que el precio de su libertad es la incompletud que posee. Las demás especies saben lo que tienen que ser y hacer, su vida discurre sobre esos rieles, no precisan prepararse ni aprender, no necesitan buscar el sentido de su vida ni la misión que tienen en el planeta; en cuanto nacen, disponen de unos pocos minutos para orientarse en su nueva vida y, a continuación, bajo la guía de su inteligencia instintiva, proceden a realizar lo que les corresponde, porque de ello depende su vida. Ninguno de ellos necesita elegir, harán lo que están programados a hacer, son completos pero carecen de libertad.

A diferencia de las demás especies, el humano requiere mucho tiempo para completar su desarrollo orgánico y aunque ya esté completamente desarrollado, permanecerá incompleto, precisamente es esa incompletud la que posibilita su libertad y, con ello, se abre ante él un horizonte donde tiene que elegir, es decir, aprender a elegir, y continuación, hacerse cargo de las consecuencias de cada opción escogida. El libre albedrío es simultáneamente un premio y una condena; un regalo que lo hace único y privilegiado, al mismo tiempo expone al hombre a la posibilidad de usar de manera incorrecta esa libertad de la cual dispone.

En este contexto podemos entender la vida como una aventura evolutiva, donde la consciencia crece y, de esa manera, garantiza la continuidad evolutiva iniciada en otros tiempos. El humano, a medida que se forma y se transforma, se hace consciente de su fugacidad, una característica que lo lleva a adquirir consciencia de finitud y, en muchos casos, la angustia de tener que enfrentar inevitablemente a la muerte, a la propia y la de sus seres queridos. Como si todo ello fuera poco, el humano debe aprender a dar sentido a su vida, comprender su propósito existencial, reconectar en esta encarnación con la historia evolutiva de su consciencia. Precisa, además, conocerse y hacer posible su felicidad, activando su capacidad de amar, ejerciendo con lucidez su libertad, descubriendo que la vida es un delicado arte que es preciso aprender a vivir, para no desperdiciar nuestro paso por la tierra.

La mujer posee algunas ventajas sobre el varón, sin embargo, como Leona con complejo de oveja, los últimos dos o tres milenios terminó aceptando la pérdida de su poder y su sensibilidad. A esa mujer le decimos: "te necesito lo suficientemente impetuosa para producir si es preciso, los movimientos telúricos que posibiliten desplegar tu potencial, es necesario cuestionar la cordura patriarcal, volverte apta para la locura lúcida, desde la cual podrás jinetear el descontrol y canalizarlo en ímpetu transformador". Es posible dar sentido a la vida creciendo, conociéndose, observándose, permaneciendo atentos a cada momento, habitando el presente, la vida es un juego de la energía en el escenario de la eternidad, mientras nos vestimos fugazmente de humanidad.

Desde que comenzó la vida, la evolución es su propósito, es decir, tienes que hacer algo con tu vida para que la nada no te invada, esa es la ruta del crecimiento propuesto. ¡Aprender a vivir, da sentido a la vida!, quienes se niegan a ello se exponen al vacío existencial que da vértigo, permiten que el piloto automático se haga cargo de su vida, olvidando que éste, es sólo el instinto de conservación que quiere garantizar la supervivencia, el problema es que la vida es otra cosa.

La vida carece de sentido hasta que, al despertar, le damos sentido, es decir, significado, propósito y en el fondo evolución. De esta manera vamos recuperando nuestro horizonte de sentido, admitiendo desde el inicio que la vida es una ambigüedad extasiante. Sin duda, la vida que más pesa es una vida vacía, carente de significado, que intercala aburrimiento con nomeimportismo, ignorancia existencial con resignación. ¿Sabías que vivir sin reflexionar es correr con los ojos vendados?, ¿y que la lucidez es la lámpara que ilumina las decisiones y la serenidad la estructura que sostiene la luz? ¿Sabías que lo que importa no es lo que te pase sino como interpretas lo ocurrido? ¿Sabías también que la inevitable muerte no quita el sentido a la vida?

Carece de sentido la vida de quien no aprendió a vivir, digámoslo de otra manera: si aprendiste a dar sentido a tu vida, no necesitarás religiones ni infelicidades, no te harán falta intermediarios ni profetas que te adviertan en profecías el terrible futuro que nos espera. Estarás preparada para todo, solamente para todo, armada con una filosofía de vida que te garantiza profundidad y, simultáneamente, la recuperación de tu poder y sensibilidad. Aprender a vivir es la vacuna fundamental contra la fiebre del vacío existencial y su síntoma fundamental: el sinsentido.

Hay quienes se miran al espejo y no ven nada, sólo ropa escondiendo un vacío; no es tu caso ni el mío, eso espero. Estas cartas son para encender tu fuego, para llenar tu copa de conocimiento, para fertilizar tu crecimiento e incrementar tu capacidad de disfrute. Vine a proponerte hacer un pacto con el placer para que al profundizarlo te presente al éxtasis, vine para pintar de colores tu tristeza y convocar a tu inocencia para despertar a tu felicidad y que camine de la mano con tu libertad. Vine para traerte un puñado de pétalos de buenas intenciones, un rumor de buenas noticias y la fragancia del autoconocimiento. Entre tanta vida, quiero que olvides toda cicatriz y te empecines en ir por la vida dejando huellas de luz. Vivir no es fácil ni difícil, simplemente no es lo que la gente hace cada día; el vacío es un síntoma de no haber aprendido a vivir. La vida entendida como un camino, es iluminada por las luces de los principios y valores. ¿Sabías que la mujer sagrada posee un código ético que la vuelve coherente y poderosa? Hablemos de esto en la próxima cita. *

FRATERNALMENTE,
Chamalú

carta 11
El código ético de la Musa

ESTIMADA AMAZONA:

Si naciste mujer, vive tu experiencia en la tierra con la dignidad de quien no renuncia bajo ninguna circunstancia a su zona sagrada. Hoy quiero hablarte de la importancia de amplificar tu experiencia vivencial, a la luz de un francioso código ético, porque en ese fértil territorio germinará tu grandeza. Eres mujer, si despiertas, tu zona sagrada te proveerá de las claves precisas para convertir tu vida en una obra de arte.

Naciste en un tiempo convulsionado, circunstancias enmarañadas, galopantes confusiones, silenciosa manipulación, sombrío machismo crepitando cada vez que quiebra las alas de la libertad femenina. Ser mujer despierta significa convertirse de inmediato en MUjer SAgrada, SAlvaje, SAcerdotisa de su vida, SAnadora de almas, esa es la MUSA que extraño, la mujer que invoco, de cabellera extensa y caricias en las manos; admito el misterio que gobierna su mundo, su escondite de silencio y esa emoción quebradiza cuando su sensibilidad, no va acompañada de ese poder interior desde el cual sabe cómo manejar sus potencialidades.

Te escribo esta carta para decirte: cruza todos los problemas que se atraviesen en el sendero de tu vida, de antemano quiero que sepas que te encontrarás con la persuasiva pereza, predicando la resignación y el fétido orgullo aplaudiéndose a sí mismo; encontrarás también al conformismo recostado en su rutina, prisión invisible a su miopía existencial y con un sindicato de miedos, escondidos al fondo a la derecha de tu vida; encontrarás sueños prematuramente muertos, asesinados por el intolerante realismo y su veneno el pesimismo. Encontrarás adicionalmente a la infelicidad como la moda que nunca pasa, a la desesperanza haciendo podrir al tiempo desperdiciado y a la vida, transparente y abandonada, esperando ser descubierta. Encontrarás de todo, más sólo tendrás que encontrarte a ti y desde a esa lucidez implacable, al amanecer de tu vida plena.

No importa el castigo legal, lo que sanciona la sociedad en este caso carece de importancia porque estamos hablando del nivel consciencial. Importa y mucho que tengas claro lo indeseable en tu vida, que poseas el inventario actualizado de lo que no hace la mujer despierta, la MUSA que evocamos con tanta nostalgia; además de lo anteriormente mencionado, no admitas en tu vida chismes ni incoherencias, hipocresía e infelicidad, corrupción a cualquier nivel y toda forma de discriminación, como perder tiempo y energía en trincheras equivocadas y creencias que te limiten, que quieran fanatizarte o anclarte a miedos o necesidades innecesarias.

El Código ético es tu documento consciencial donde están inscritos tus principios y valores, es el conjunto de normas y directrices que determinan tu comportamiento en toda circunstancia, es la recopilación de pautas éticas que constituyen tu cultura personal, marcándote el camino a seguir. Más que reglas son una alusión directa a un estilo de vida que nos permiten vivir en creciente coherencia y sin miedo a la muerte, porque de entrada hemos aceptado nuestra condición temporal, nuestra fugacidad y esa finitud que se expresa en el gradual envejecimiento de nuestro cuerpo, y en la posibilidad de partir en cualquier momento dejando esta dimensión, sin poder llevar nada más que el crecimiento consciencial logrado.

En todo momento y situación buscamos un comportamiento compatible con nuestro código ético, ahí radica nuestro poder; partimos de un compromiso con la calidad existencial, por lo tanto, nuestro código expresa esa declaración de intenciones traducida en una línea coherente de comportamiento, porque en este caso, la intención, la palabra y la acción son lo mismo. En este sentido, la mujer despierta, la MUSA, sabe cómo actuar en las más diversas circunstancias, sabe manejar su energía, sus emociones, sus intenciones y relaciones, desde un comportamiento ético conectado con ese código elegido por ella. La MUSA vive sus principios porque sabe que ello acrecienta su consciencia y porque su código ético está instalado en su zona sagrada. Sabe que en lo pequeño y en lo grande, en lo inmediato y lo lejano, en lo suyo y en lo colectivo, debe concentrarse y dar al máximo en la perspectiva de lograr los objetivos planteados y sin olvidar disfrutar de todo el camino.

Es importante recordar que el código ético es parte de una filosofía de vida que posibilita una existencia con calidad. Es recomendable reflexionar sobre todo esto, considerar las opciones que tienes, saber que la duda provisional abona la germinación de nuevas certezas y, a continuación, constituir tu código ético. De manera referencial y como ejemplo, te proponemos un compendio de nuestros principios, elabora los tuyos, escríbelos hasta haberlos interiorizado.

Nuestro Código ético está constituido por el Amor como la vibración elegida, la Felicidad como nuestra condición natural, la Libertad como como el escenario donde puede germinar tu autenticidad, la Paz como la imprescindible armonía que garantiza el espontáneo florecimiento de tus capacidades, la coherencia como el escenario donde se acrecienta tu poder, la Sobriedad como requisito existencial, la Responsabilidad como el complemento infaltable del libre albedrío, la Independencia como manifestación de la imprescindible soberanía existencial, la Solidaridad como la manifestación práctica del amor, la Lealtad con tus principios y con los acuerdos realizados como un gesto de coherencia, el Honor como la expresión de tu consciencia despierta, la Cortesía como la base de las relaciones interpersonales; el bienestar, asociado al disfrute, como un recurso autoterapéutico necesario para la salud física y emocional; la Honestidad porque sin total transparencia, estaremos perdidos; la Flexibilidad como la mejor manera de ir por una vida impredecible y cambiante; el valor, fundamental para

recuperar la dignidad en la mujer en tiempos patriar-
cales como los que aún persisten; la Justicia como un
hábito a practicar en toda circunstancia; la Pureza,
asociada a la inocencia lúcida; la Humildad como la
mejor carta de presentación, la Frugalidad como
un comportamiento respetuoso y expresión de solidaridad; el Deber Existencial de convertirnos en humanos, garantizando de esta manera, la evolución de
nuestra consciencia.

¿Comprendes?, el código ético es la flecha que marca una dirección existencial, un camino que luego
se convertirá en tu estilo de vida. Al germinar esta
carta, manos a la obra, comienza a elaborar tu Código Ético. Tómate varios días para reflexionarlo y
complementarlo, y cuando creas haberlo concluido,
escríbelo de manera artística y déjalo a la vista; si prefieres mantenlo sólo para ti, sin embargo, es necesario
que conozcas cada uno de los puntos elegidos porque
ellos, a partir de ahora, regularán cada uno de tus
actos. Funcionar desde un código ético puede marcar
un cambio cualitativo en tu vida, que llamará la atención y, de manera invisible, te vestirá de poder y de ese
comportamiento ejemplar que no pasará desapercibido. Recuerda que estamos proponiendo el regreso de
la mujer sagrada, la que luego de despertar, comienza
a dejar huellas inspiradoras a su paso por la vida.

Es tan hermoso vivir vivos, sentir la implacable inseguridad y las campanas del éxtasis, atravesar los sal-
vajes jardines, la embestida de lo imprevisto y el canto
del silencio meditativo, tan elocuente y purificador.

Cuando decidí escribirte y compartir mis secretos de vida, amoblé de paciencia mis días y, ensimismado entre un torbellino de intenciones, me propuse regocijar tu corazón, hablarte de las habitantes de mi mundo, amazonas fuertes y sensibles, coherentes y dignas, poderosas y tiernas, fervientemente devotas de la vida, mujeres que continúan viviendo en los corazones después de haber devuelto el cuerpo.

¿Te animas a sacar una nueva edición de ti misma, ahora dotada de un código ético e ir por la vida dejando huellas inspiradoras? Si estás dispuesta a ello, acompáñame en la próxima carta donde quiero hablarte de la zona sagrada que toda mujer debe construir para dar sentido a su vida y conservar el norte claro. Presiento que puedo darte la bienvenida.

FRATERNALMENTE,
Chamalú

carta 12
La zona sagrada

ESTIMADA HERMANA:

Anoche soñé que habitaba otro planeta, que mi cuerpo se tornaba invisible gradualmente, que la comunicación no dependía de las palabras, que el tiempo circulaba de otra manera. Al despertar, recordé las cartas que ya te había enviado, ¿las estarás reflexionando? ¿Estás compartiendo las principales enseñanzas con otras mujeres? Acostumbro a compartir todo lo que tengo, a tener sólo lo imprescindible, a desaparecer cuando me necesito a solas, a surfear las olas del océano emocional. El tiempo nos devora sin perdonarnos un instante, el aroma de la felicidad se siente a distancia, es inútil crucificar al amor, resucitará las veces que sea preciso, cuánta vida cabe en cada momento.

Permito que se desborde mi felicidad y salpique al prójimo; mi pasión es inextinguible, me gusta el fuego de la autocrítica que devora errores y extrae aprendizajes; las buscadoras de la vida terminan haciéndose encontrar por la felicidad. Las mariposas que emprenden su peregrinación anual viven más tiempo del normal, el vuelo les conecta al Universo y él les triplica el tiempo de vida; la belleza es exigente, no admite infelicidades, las semillas del conocimiento requieren la profundidad de tu reflexión y la entrega plena a cada experiencia.

La vida fue robada de la vida; no, no era un queso, era la luna reflejada en la laguna. Habitamos tiempos de falacias, las mentiras se pasean saludables por las calles del presente, gente sin rumbo caminando con prisa, felicidades quebradas, confusiones intactas, creo que las ciudades, sólo sirven para devorar la naturaleza, la dinastía del cemento envenena los paisajes; ¡por favor no te olvides, sé lo más parecida a la luna!

Un tema que se evita cuidadosamente en esta sociedad, es la zona sagrada. Toda mujer que se respete preserva, con rigurosa escrupulosidad, lo que a partir de ahora denominaremos zona sagrada. Con esta frase aludimos al contexto vivencial donde se acrecienta el poder que germina en la vida coherente y, fundamentalmente, a lo que da sentido a tu vida; recuerda que ella en principio y, de manera automática, carece de sentido, que éste se construye a partir de la toma de consciencia del acontecimiento de estar vivas.

Tu zona sagrada es ese contexto vivencial donde guardas, a manera de un baúl secreto, todo lo más importante de tu vida. Ahí está el mapa de tu tesoro, es decir, la visión de la misión que tienes y la manera de convertirlo en tu estilo de vida; ahí están los principios y valores, esas luces éticas que iluminan tu camino, las reglas de juego con las que manejas tu vida, ahí está todo lo que sea relevante para ti, es por ello que cada uno de los aspectos instalados en tu zona sagrada tiene el carácter de no negociable. Es posible cambiar puntos de vista, es necesario muchas veces hacer concesiones, mostrar flexibilidad, armarse de paciencia, sin embargo, lo establecido en tu zona sagrada, no se toca.

La zona sagrada es el altar intangible de tu existencia, es tu área a partir de la cual las cosas adquieren sentido profundo y el nivel donde se calibra tu vibración, para que no baje su frecuencia. La zona sagrada es la instancia que controla el nivel consciencial. Es posible en la vida encontrarse con circunstancias adversas, con personas insoportables, con situaciones imprevistas; sabemos que el entorno incluye un caos garantizado que es por naturaleza ingobernable, sin embargo, nada de esto debe infiltrarse a nuestro mundo interior, precisamente ésa es la función de la zona sagrada.

Cuando se aluda a la zona sagrada, cuando se toque esta zona sensible de tu vida, estás autorizada por el Universo a mostrarte inflexible. Aquí no se hacen concesiones, no se negocian principios ni se regatea nuestra misión; aquí está en juego nuestra evolución consciencial, es decir, nuestro paso por la tierra y la dignidad de estar vivas, viviendo la experiencia humana con intención evolucionaria.

Si tu libertad, esto a manera de ejemplo, está instalada en tu zona sagrada, no puedes, bajo ninguna circunstancia, ponerla a disposición de una relación o de una mala decisión. Es deber tuyo, como mujer sagrada poseedora de la semilla de la sacerdotisa, de la amazona todo terreno, de la sanadora innata desde que se despierta, de la salvaje no domesticable, es deber tuyo preservar tu libertad, contexto sagrado donde germinará tu autenticidad y la posibilidad de cumplir tu misión en la tierra. ¿Te das cuenta la importancia de la zona sagrada? ¿Comprendes por qué este concepto debe ser cuidadosamente trabajado?, ¿por qué la zona sagrada se construye a partir de la comprensión de la razón de tu paso por la escuela-planeta Tierra?

Evalúa tu historia personal, sobrevuela tu pasado sin remordimiento ni culpa, lo que pasó, pasó, ahora tus pies pisan el terreno fértil del presente, desde el cual es posible reinventar la vida y darle el rumbo elegido. Extrae las enseñanzas rescatables, elabora tu lista de prioridades, descarta lo que no sea necesario en esta etapa, organiza tu tiempo en función de las prioridades elegidas, identifica tus fortalezas, apóyate en ellas, marca tus puntos débiles y todas las áreas en las que precisas capacitarte y ¡manos a la obra!

Comienza esta nueva etapa de tu vida instalando tu zona sagrada, elabora tu plan de vida, ten una estrategia de crecimiento adaptable a toda circunstancia, asegura el respeto a tu zona sagrada, recuerda que a partir de ella tu vida adquiere sentido, el resto apenas será esa labor artística de construir la vida que quieres, con el nivel estético elegido, sabiendo que la libertad que posees te autoriza ser una artista vivencial y diseñar tu vida con las características elegidas por ti.

Esta tarea no será fácil ni difícil, es imprescindible y puede ser divertida. Elegiste venir a la tierra en este tiempo y vestida de mujer, excelente, sólo tienes que asegurar que las riendas de tu vida están en tus manos, que de verdad estén en buenas manos, construir tu zona sagrada, respetarla y hacer que los demás la respeten y, a continuación, disfrutar de esa obra de arte que es tu vida. Mientras estés viva, continúa aprendiendo y creciendo, disfrutando y ayudando, esas son las bases de tu vida, gerenciada con lucidez desde tu zona sagrada.

Deja que tu zona sagrada gerencie tu vida, que tus células de manera unánime se apunten a la salud, deja que el tiempo continúe abriendo amaneceres, que la vida plena palpe tu cuerpo y se fusione contigo. Si respetaste tu zona sagrada, eres agua jugando con los obstáculos pétreos, viento acarreando rigideces, lluvia purificando malestares, arcoíris inventando nuevos toboganes para transportar colores desde otras dimensiones y con ellos, pintar miradas y lágrimas hasta aprender a llorar de felicidad.

No quiero despedirme sin haber dejado una estrella en tu pelo, una flor en tu corazón y la semilla de la esperanza germinando en tu jardín interior. Si conservas intacta tu zona sagrada, un escalofrío de entusiasmo marcará el amanecer de tu vida, a la etapa más hermosa de este breve paso por la tierra. Si llegaste a este punto, quiero compartir contigo el lenguaje del ritual, ese mágico idioma que hablaban nuestras abuelas. Hasta la próxima carta. ✣

FRATERNALMENTE,
Chamalú

carta 13
El ritual como lenguaje multidimensional

ESTIMADA BUSCADORA:

Los últimos siglos son testigos del descuartizamiento de la mujer, de la deplorable aniquilación de su sensibilidad y su poder. Respiro profundo, me doy cuenta que no todos se dan cuenta, me observo, me siento; la calumnia salió otra vez a buscarme, presiento que el mundo te espera, pero sólo después que hayas despertado.

Necesito verte despierta, dice una voz en mi interior; es magnética la mirada de la mujer que ocupa su lugar, es deslumbrante su presencia al punto que el machismo crepita ante ella antes de sucumbir. Se podría decir que vengo esperando esta colección de cartas para hablarle a tu corazón, para decirle: "las cenizas contienen la memoria del fuego que fueron"; reclamo tu lucidez y esa vertiente ceremonial tantas veces coartada. Mi tiempo está gastado pero mi sed de trascendencia es la misma; te propongo rodearte de objetos mágicos, inaugurar tu zona sagrada, instituir el ritual cotidiano, descubrir que tu vida es una ceremonia, desde el momento en que los ojos de tu consciencia se abren y descubren que la vida era otra cosa.

No quiero despilfarrar más instantes, lo mismo anhelo para ti, ven, tráeme tu corazón, quiero escuchar su latido, sentir ese ritmo apasionado, esa mirada transparente, esa pureza perceptible, esa fecunda voluntad desde la cual germinarán todos los milagros que seas capaz de concebir. En este punto de la vida ya no importan cuántos tropezones tuviste ni la cantidad de errores que se acumulan en tu memoria, ven, acércame la empuñadura de tu voluntad y permite que le saque el filo necesario para cortar toda atadura vigente; la vida te requiere humilde y poderosa, tierna y fuerte, lúcida y rebelde, convertida en la sacerdotisa de sus sagrados momentos.

¿Percibes que tengo la razón? ¿Que no puedes continuar perdida en la arena del tiempo ni cambiando de caminos que no llevan a ninguna parte? ¿Te das cuenta que cada instante es una cápsula de eternidad que es preciso destapar? Eres tierra, mar, fuego, vórtice de energía de visita en el planeta-escuela Tierra, para completar tu itinerario evolutivo, desplegando el ritual que te corresponde ahora. Provengo del ritual sanador de la bisabuela indígena, ya lo sabes, gracias a ese ritual estas cartas hoy son posibles; la vida es una secuencia de muchos pequeños rituales, hay rituales para todo, la vida misma es un supremo ritual con intención evolutiva.

El ritual es la celebración del rito, el inicio de un viaje iniciático, es la manera sagrada de pasar de una etapa a otra en la vida, es el tejido energético y multidimensional poseedor de un valor simbólico poderoso. En un contexto de creencias, de un paradigma determinado y con una intención precisa, el ritual es un proceso sanador y autoorganizador, es un tiempo-espacio manejado de forma reverente que fortalece la conexión y actúa como dinamizador de procesos internos; los ritos sociales contemporáneos provienen de los rituales espirituales y aluden a contextos funerarios, festivos, iniciáticos o sanadores.

Muchos rituales incluyen ofrendas como mecanismos simbólicos de desagravio, un primer gesto humano de reverencia y reconocimiento a nuestra condición de ser parte de un todo mayor. Cada ritual tiene sus herramientas sagradas, su intencionalidad, su tiempo y lugar, además de la imprescindible actitud de reverencia de todos los participantes. Su valor simbólico se sostiene en una determinada cosmovisión, en nuestro caso, los rituales que compartimos actúan a nivel multidimensional y tienen un poderoso efecto en quienes lo realizan. Es importante no confundir ritual con hábito, este último es más social, más idéntico en todo el mundo y tiende a realizarse de manera mecánica y automatizada.

Un ritual en manos de una mujer despierta es una herramienta poderosa de crecimiento personal y reafirmación del camino elegido. Nosotros, como bien sabes, transitamos por los senderos abiertos por las abuelas indígenas, de ellas y ellos, hemos recibido las vertientes de sabiduría ancestral, valiosas semillas que hemos cultivado en el jardín de nuestro corazón. Te confieso que uno de los objetivos de estas cartas es la reconstrucción de las formas de vida ancestrales, creativamente aclimatadas a este tiempo.

Las abuelas ancestrales también son contemporáneas, su conocimiento está más vigente que nunca, es en ese sentido que te proponemos fluir en la diversidad, tejer las diferencias, constatar que todo es uno y todo está vivo, aprender de todos, recordar que somos hojas del mismo árbol, que constituimos el bosque humano, todos somos árboles del mismo bosque, procedemos de las mismas semillas. Es fundamental no olvidar de dónde venimos, evitar todo pensamiento jerárquico, vivir la vida como una sagrada ceremonia, recuperar estilos de vida matriarcales, donde la sensibilidad de mujer nos permita aceptar con naturalidad el cambio constante y la intención evolutiva de nuestro paso por la tierra.

Precisamos expandir otras cosmovisiones, otras maneras de vivir donde la vida sea lo más importante;

necesitamos pensar en las próximas ocho generaciones y vivir sabiendo que ellas precisarán un planeta armónico, con ecosistemas equilibrados y estilos de vida sustentables, con distribución equitativa de los recursos, evitando todo comportamiento contrario a la salud de la Madre Tierra. No queremos continuar sobreviviendo, tampoco nos interesa una vida sin vida. Sabemos que sobrevivir no es vivir, ¿lo recuerdas? Por ello hemos salido para recordar a la gente que la vida es otra cosa, que resulta imprescindible aprender a vivir y convertir la vida en una obra de arte, en un sagrado ritual que preserve nuestra sensibilidad y la lucidez de tomar la decisión precisa en el momento justo.

Hemos recuperado nuestra memoria y sabiduría para luego convertirla en legado y dejarlo en tus manos. ¿Te das cuenta de la importancia de estas cartas? ¿De la urgencia de recuperar la magia del ritual? ¿La importancia de aprender a vivir sin destruir ni destruirnos? ¿La necesidad de vivir la vida como una ceremonia? ¿De comenzar a construir tus rituales personales desde los cuales puedas reencontrarte con la vida de otra manera?

Ya tuviste otros rostros, ya habitaste otros tiempos, ya probaste la fugacidad y saboreaste otros crepúsculos, ahora sólo queda deshojar ceremonialmente los pétalos de tu vida y, al interior de un supremo ritual, garantizar el crecimiento de tu consciencia. Mientras arda el fuego de la vida acrecienta el perfume de la evolución hasta cuando oscurecido tu tiempo en la tierra, desembarques en otro Universo. Comprendiste que sólo se trataba de hacer el ritual evolutivo de la manera más impecable, entonces se coronará tu propósito existencial y tu vida devendrá en ceremonia sagrada, esto es, energía enfocada en la dirección precisa y con la intensión exacta. Comprendido el itinerario de la sacerdotisa, quiero desplegar el conocimiento de la espiritualidad femenina y el matriarcado esotérico en la próxima entrega. ❁

FRATERNALMENTE,
Chamalú

carta 14
Espiritualidad femenina

ESTIMADA AMAZONA:

No había nada en la mirada de esa mujer que ayer fue encontrada en la orilla de la vida, su casa estaba llena, su vida, totalmente vacía; la felicidad nunca había desembarcado en su puerto, el ave migratoria del placer jamás se había posado en su cuerpo, sin embargo, el médico le dijo que estaba sana y sus vecinos la consideraban normal.

Mujer, vine a hablarle a tu corazón, pido tu voto de confianza, sólo pretendo agregarle otro sabor a tu vida. Permíteme presentarme, soy el niño que un día dijo: "cuando sea grande quiero ser... Humano". Confieso que la adversidad no me separa de la felicidad, que a su vez preserva mi serenidad, desde ella quiero hablarle a tu alma. Admiro a la mujer despierta, a la mujer que no teme ser mujer ni pide permiso para ser auténticamente ella misma; me encantan las mujeres que comprenden que lo femenino desborda la maternidad y alcanza limites increíbles, me gusta la mujer que controla su descontrol, la que maneja sin palabras a su acompañante, la que se niega a acampar en el agonizante territorio del conformismo, la que no se atormenta con nada, la que es un manantial de creatividad, la que otorga importancia al instante, cuida los detalles y se apasiona desapegadamente por la vida, la que no teme las sorpresas, la que disfruta la presencia y agradece la ausencia, la que tiene pétalos y simultáneamente espinas.

El legado de conocimiento debe ser preservado, su transmisión matrilineal garantiza la tradición, las hijas son las herederas naturales, en ellas viven las bisabuelas, el linaje femenino convertido en herencia de conocimiento perpetúa la clave: lo femenino es sagrado, la ruta de crecimiento esta expedita, el nuevo Pachacuty, el ciclo vigente es radicalmente femenino, sólo precisas encontrarte contigo misma y, a continuación, comenzar a tejer tu vida con creatividad, sensibilidad y poder; si te atreves, desemboca en la constitución de un klan femenino, ese círculo de mujeres despertando, que en cada luna llena se sientan a cantar y a danzar —sus formas naturales de meditación—, a tomar baños de luna y a conspirar juntas, el retorno de la mujer sagrada.

En ese contexto, comprendemos la espiritualidad femenina desde la cual ocurrirá la reactivación del matriarcado y el retorno de la diosa, de las diosas, porque cada cultura dibujó su cosmovisión de lo divino desde sus propias categorías conceptuales. No es exagerado afirmar que las primeras nociones de lo trascendental, en la lejana prehistoria, fueron femeninas. La diosa está asociada al poder creador y protector; el origen alude a un infinito y transparente útero cósmico que, en su versión más concreta y tangible, se representa como la Pachamama. La idea de lo divino formó parte de la evolución humana, desde el momento en que el lenguaje y el pensamiento simbólico pudieron traducir ese profundo sentir. Eran tiempos en los que las abuelas y, su sensibilidad traducida en visión, guiaban el peregrinaje de las tribus; eran tiempos preagrícolas, donde la salud, la vida y la tranquilidad de los pueblos dependían de las intuiciones y visiones de las ancianas más que de la fuerza bruta de los hombres.

Hace 40 o 50 mil años el hombre, por su condición de cazador, estaba constantemente ausente de la vida comunitaria; las tribus eran regidas por las abuelas, el estilo matriarcal era natural hasta que las semillas fueron domesticadas y la agricultura posibilitó el sedentarismo, permitiendo que el hombre se convirtiera en productor y, con ello, al desarrollar las herramientas −incluso bélicas−, fue apropiandose del poder, inaugurando de esta manera esa mentalidad patriarcal que aún persiste.

En diversas culturas ancestrales, antes de los dioses masculinos predominaron expresiones femeninas de la divinidad. La Pachamama, en los Andes, era la diosa de la fertilidad que los sumerios y fenicios llamaban Ishtar o Astarte. En la época paleolítica, hace 28 mil años, se sitúa la antigüedad de la Venus de Willendorf, mientras que los egipcios tenían a Isis asociada con la cobra, como la diosa de la fertilidad, a Nut, la diosa del cielo y a Hathor, la diosa del amor, de la alegría, la danza, la belleza y la feminidad; la India, acostumbrada a miles de divinidades, resaltaron a Laksmi, la diosa de la belleza y del amor, Shakti, el aspecto femenino de la divinidad; Aditi, la diosa madre y Saraguati, la diosa del conocimiento.

Desde la Mesopotamia judía nos encontramos con Lilit, la primera mujer de Adán que abandonó el paraíso antes de someterse y traicionarse a sí misma; dice la tradición, que fue la primera mujer insumisa y rebelde, recordada por muchos como una divinidad inspiradora. Los Yorubas nos hablan de Yemaya, la diosa del mar, cada año al comenzar febrero convierten las playas en altares sagrados en su honor; nos hablan también de Oya, la diosa de las tempestades y el viento, así como de Oshum, la diosa de la sensualidad.

La tradición griega nos habla de Gea, la diosa de la vida y de la muerte, asociada a Gaia y Cibeles, las diosas de la fertilidad de la tierra, posteriormente adoptada por los Romanos que denominaron Terra a la divinidad equivalente a Gea. Volviendo a los griegos, encontramos a Selene, la diosa lunar; Artemisa, la diosa guerrera, Atenea, la diosa de la sabiduría y la inolvidable Afrodita, diosa de la belleza y del amor. Más al norte encontraremos otra diosa guerrera, la Celta Scatha; a Ceridwen, diosa de la sabiduría y a la nórdica Freya, diosa madre, de la belleza, el amor y la fertilidad, mientras los Vascos nos hablan de Mari, la diosa madre, mujer árbol de larga cabellera que vive en los bosques; los Siberianos llaman Umai, a la madre ancestral de trenzas luminosas.

América como continente tiene varias divinidades femeninas: Coatlicue que simbolizaba la vida, la muerte y la fertilidad; Metztliitzacual, la diosa del agua y Xochiquetzal, la diosa del placer, del amor y las flores. Todas ellas de la tradición prehispánica de México, y la diosa Maya Ixchel, diosa del amor, de la luna y de la medicina. La tradición polinesia nos habla de Pele, la diosa del fuego y la danza mientras que en la cosmovisión sintoísta de Japón encontramos a Amaterasu, la diosa del sol y, en la china budista, a Guan Ying, la diosa protectora de la compasión.

Es importante resaltar que en las tradiciones indígenas, poco propensas a construir religiones, la diosa Maya Ixchel, era representada por una anciana tejiendo, una clara alusión a la importancia de las abuelas como representantes vivas de las divinidades femeninas; aludiendo también a formas organizativas como el matriarcado, donde la autoridad estaba en manos femeninas y el poder era regido desde la sensibilidad de la mujer despierta.

La idea de lo divino acompañó la evolución de la especie humana, no importa la creencia en la que esta chispa de trascendencia devino posteriormente; en un contexto matriarcal, es comprensible que la divinidad se presente en su versión femenina. Ese es también el origen de la maternidad virginal, la cual es entendible porque la virginidad simboliza soberanía existencial, ausencia de pertenencia a otro, claridad de visión, poder y sensibilidad intactos; ejercidos al interior de una ruta de crecimiento, muy distinta de la virgen cristiana, mujer sometida, casada y negada al placer, adaptada a una vida de resignación y sufrimiento, reducida a la función maternal como ejemplo de sumisión. ¿Podemos acaso olvidar a las mujeres guerreras que encarnaron el poder sin perder la feminidad? ¿A las pitonisas cuyo cuerpo era un oráculo y a quienes, gobernantes y gobernados consultaban sobre las más importantes decisiones a tomar? ¿A las Amazonas, guerreras autosuficientes, jefes naturales con capacidad de ejercer el poder desde la intuición y sensibilidad? No es casual que las primeras divinidades, representadas en pinturas y esculturas prehistóricas, eran exclusivamente femeninas, lo que confirma que el patriarcado fue una construcción muy tardía, de los últimos dos o tres milenios.

Antiguamente las tribus se agrupaban y organizaban en torno a las abuelas, eran pueblos matriarcales pacíficos, porque lo femenino va más allá de la fuerza bruta; sin embargo, esas mujeres poderosas, sensibles y maternales fueron inmoladas con la sedentarización de los pueblos y el desarrollo de la tecnología bélica, dando paso al patriarcado, a la hegemonía masculina y la aparición de pueblos sanguinarios, retrocediendo de esta manera los avances logrados por la evolución de la humanidad y dando la espalda a esa abundante tradición de sabiduría. Al patriarcado sólo le interesa la mujer sumisa, ocupada en lo superficial y dedicada a labores domésticas y maternales. Sin embargo, la mujer que se negó a la somnolencia inducida, sabe que hay claves para decodificar en la serpiente y en la luna, sabe que la mujer despierta es la intermediaria entre lo divino y el hombre.

Las abuelas son las bibliotecas vivas del conocimiento de todas las generaciones previas, son la fuente de sabiduría, la cantera de conocimiento, las que dejan las huellas inspiradoras, las que acopiaron y preservaron la herencia ancestral, las encargadas de transmitir a las nuevas generaciones ese supremo legado. El matriarcado es el gobierno de las madres, de las abuelas, de las visionarias. La cultura matriarcal predominó en la antigüedad, entonces estaba claro que la mujer tenía más capacidad, más sensibilidad, más visión para dirigir los pueblos; se daba por sentado la superioridad de la mujer, eran tiempos de sexualidad natural, libre de represiones, donde la tenencia de los hijos no se discutía, donde la ascendencia y la descendencia era matrilineal; el patrimonio era administrado por las mujeres, la abuela, la hija, la nieta, esa también era la familia natural, tiempos en los cuales la comunidad se basaba en el ser no en el tener; la conexión con la naturaleza era la religión no religiosa; la mujer, con su sensibilidad intacta, era la natural traductora de la Madre Tierra y del mundo invisible; la espiritualidad femenina comenzaba con la entronización del cuerpo de la mujer como altar, el amor como religión, la magia como ciencia, el ritual como abordaje multidimensional y todo ello convertido en un estilo de vida.

Así era antes, así debe volver a ser ahora, el futuro será femenino o no habrá futuro, lo saben los elefantes, por ello confían la guía de la peregrinación anual, en busca del agua, en la matriarca, la elefanta anciana que sabe más que el resto, porque habló más tiempo con la luna y recuerda más estrellas de las noches atravesadas.

Esta carta, debió terminar hace rato, antes, sin embargo, quiero preguntarte: ¿te atreves a ser despiadadamente amorosa? ¿A ser tú misma en toda circunstancia? ¿A ensimismarte en luna menguante y expandirte en creciente? ¿A ser enredadera al hacer lo que amas al punto de convertirte en lo que haces y, a continuación, fluir descomplicada, permitiendo que tu esperanza levante la mano y tome la palabra y sin interrogar al misterio, dejando que la razón le explique algunas cosas y otras el corazón? ¿Te atreves a coronar de flores tus mejores intenciones y a fortificar tu voluntad con cada pedrada de incomprensión? La piedra, la calumnia; la discriminación, los clavos; la soberbia, el martillo; el autoengaño y la traición, todos son recursos útiles a la hora de fortalecer tu decisión.

Eres mujer y estás fabricada con el mismo material del Universo que contemplas en una noche estrellada. Eres mujer, incitación a la belleza, estallido de ternura, olas de energía danzante, envolvente silencio meditativo, tempestuosa libertad, inseparable Guardiana de la Madre Tierra. Menos mal que ninguna palabra alcanza para describir tu despertar y el viento que levantas cuando comienzas a ponerle ladrillos a tus sueños.

¿Sabías que los miedos son tigres de papel? En la próxima cita la idea es que te conviertas en domadora. ✾

UN ABRAZO,
Chamalú

carta 15
Los miedos son tigres de papel

ESTIMADA APRENDIZ:

Quiero confesarte que las adversidades me hicieron fuerte, los problemas me volvieron creativo; declararme aprendiz de la vida me enseño tantas cosas... Me declaro insumiso, un agricultor que cultiva en el jardín de su corazón las flores de la pasión y la compasión; germino lo auténtico, bebo cada instante con la intensidad de quien sabe que todo es por última vez. No me preocupa el paso del tiempo, pero detesto malgastarlo; observo el mundo, es descomunal el sinsentido, me sorprende que la gente permanezca atada a rutinas intrascendentes, advierto que lo invisible pasa desapercibido, urgente: poner de pie la lucidez y, a continuación, empeñarse en rediseñar la vida.

El instinto de conservación tiene claro el programa preciso para preservar la vida, dos o tres temores protectores, el resto, intoxicación en forma de miedos inducidos, fabricados para posibilitar nuestra domesticación. No podemos, no debemos enjaular nuestra dignidad ni permitir que los miedos fabricados artificialmente incendien nuestro entusiasmo y paralicen nuestra voluntad. ¿Qué es el miedo? Es el carcelero encargado de perseguir a la libertad, usando tigres de papel y amenazando con inciertos infiernos en el más allá. Bien podría decirse que la vida comienza en la otra orilla de los miedos.

Cuando la oruga se rebela, cuando ella se atreve, se transforma y se lanza, se volatiliza el vértigo inicial, se hacen pedazos las cadenas, desaparecen las jaulas y le brotan alas, derribando convencionalidades y constatando que desencadenarse inaugura la fiesta de la vida, ese majestuoso acontecimiento existencial-festivo-ceremonial, al cual ningún miedo será convocado por innecesario e irreal. Despliega tus alas y constatarás que los tigres eran de papel, que ninguno de ellos puede contra tus alas, contra la magia de haberte despertado.

Recuerda también que aún habitas un contexto patriarcal, presenciamos su ocaso, sin embargo, aún está de pie. Esta civilización carece de sitio para las mujeres despiertas, su carácter inviable hace que se necesite gente dormida, mujeres sumisas para perpetuarse en el tiempo. Nuestra propuesta va en dirección opuesta, te necesitamos despierta, lúcida, conciente, valiente, decidida, dispuesta a todo lo que sea necesario. Las triquiñuelas manipuladoras de la edad media carecen de poder por obsoletas, el infierno no es suficiente para asustar a la mujer despierta, la infelicidad es la antesala del infierno, ¡no, gracias!, por ahí no pasa el camino a la vida. Algunos miedos, muy pocos, pertenecen al ámbito del instinto de conservación, tenían la función de protegernos ante la existencia de peligros reales. Esos miedos, bien manejados, podrían ser recursos impulsadores para seguir adelante.

Si tomas conciencia de tus miedos, si los racionalizas, te darás cuenta que muchos de ellos proceden de unas creencias inadecuadas, o de una imaginación mal manejada. Ya lo sabes, los miedos son parte del instinto de supervivencia, pero parece que éstos fueron disimuladamente manipulados para que terminen actuando en contra nuestra, para que en vez de protegernos nos interfieran y perjudiquen. Los miedos son naturales, son instintivos, sin embargo, sólo son unos pocos, tres o cuatro y se activan ante peligros y amenazas reales; el resto, esa infinita colección de miedos, fueron artificialmente creados para debilitar tu fuerza, para aminorar tu poder, para minar tu confianza, para obstaculizar tu sensibilidad, para interferir en tu crecimiento y esos son los miedos que toca enfrentar y superar.

Revisa las creencias que tienes, recuerda que somos psicosomáticos, es decir, la mente puede crear o agravar problemas y enfermedades; recuerda también que todo depende de la modalidad con la que interpretamos la realidad. Las cosas no son fáciles o difíciles, nada tiene una dificultad inherente, todo depende de cómo lo abordamos, desde qué estado emocional y con qué modalidad perceptiva. Si la mayoría de los miedos fueron creados, nuestra actitud hacia ellos deberá ser distinta. Negarlos no tiene sentido, es preferible enfrentarlos, sin embargo, en cada caso pueden necesitarse estrategias distintas. Piensa por ejemplo en el peor escenario, ¿qué es lo peor que te podría ocurrir? A menudo te darás cuenta que en realidad no hay nada peor, nada grave, que todo era distorsión interpretativa, emoción inadecuada o una reacción automática, todo esto es posible replantearlo, comenzando por observarlo, conocerlo, reinterpretarlo y, posteriormente, enfrentarlo. Acepta el riesgo que ello implique, no temas equivocarte, menos aún te permitas ningún temor; el miedo alimenta al miedo y de esa manera permanecemos atrapados en un círculo vicioso que sólo puede romperse asumiendo el riesgo; recuerda que la vida es una bella incertidumbre, donde lo único seguro es lo inseguro.

A medida que te inscribes en una ruta de crecimiento, mientras crece tu conciencia y se incrementa tu conocimiento, descubrirás que muchos miedos van desapareciendo sin que tú hagas nada, de eso se trata, no hay recetas para combatir miedos, hay estrategias creativas que deben ser adecuadas a cada uno, personalizadas y abordadas con creatividad, con el objetivo de manejar esa energía y ponerla al servicio de nuestro crecimiento.

Te propongo también hacerte conciente de tus emociones antes que éstas se conviertan en estados de ánimo. Es posible conocer los sentimientos, luego de interpretar serenamente las emociones evitando añadir pensamientos que actúen como gasolina para el fuego, para luego estar en condiciones de manejar tus sentimientos. Sólo se trata de estar concientes de las emociones que surgen, interpretándolas adecuadamente, arropándolas con los pensamientos pertinentes y presenciando su volatilización o su conversión en sentimientos. Siguiendo ese proceso, podrás direccionarlas a voluntad, alinearlos con tus principios y valores, con la ruta de crecimiento en que te encuentras.

Una emoción es sólo una reacción, un movimiento energético rápido, automático y fugaz, que atraviesa el cuerpo dándonos la oportunidad de expresarlo, reprimirlo o transformarlo; nuestra propuesta apunta a lo último, es más, sugerimos aprovechar esa intensidad energética y redireccionarla en la perspectiva necesaria. Cada emoción busca cumplir una función, en su intensa dinámica puede ser inadecuada o engañosa, situándonos en condiciones de atacar o defendernos sin motivo real, lo importante es que este acontecimiento automático lo hagamos conciente, pasando a obsérvalo con atención, a reconocer sus causas y re direccionarlo o transmutarlo, además de reinterpretarlo aprendiendo a manejar las emociones y sentimientos a nuestro favor.

Cuando me refiero a conocerse aludo precisamente a esto, a la importancia de prepararse para manejar estos brotes energéticos, ello es posible en la medida que llegas a conocerte profundamente, fíjate, nos dieron el humor como antídoto del enfado, el amor para contrarrestar el miedo, la felicidad para neutralizar la tristeza, es decir no precisamos esconder nuestras emociones sino acompañarlas concientemente hasta que se conviertan en los sentimientos adecuados o en los impulsos para seguir adelante.

Explorar emociones resulta interesante y divertido, es una modalidad de autoconocimiento a partir de la cual podemos aprender a gestionarlos, a gerenciarlas con eficiencia y eficacia, a direccionarlos por la ruta elegida. Controlar nuestras emociones y sentimientos significa manejar nuestra vida, expresada en las situaciones que vivimos a cada momento, permitiéndonos convertirnos en tejedores de circunstancias que los demás creen imposibles de manejarlas. Por esta ruta se aprende a manejar todo nuestra energía emocional y sentimental, desarrollando la habilidad de transformar lo que sea preciso, conectar con los pensamientos adecuados, saber expresarlos y traducirlos en relaciones creativamente manejadas, educándonos emocionalmente, usando incluso nuestra vulnerabilidad como fortaleza. Recuerda, el miedo se aprende y se desaprende, las emociones se identifican y reciclan, todas pueden ser usadas a favor de nuestro crecimiento y calidad existencial, asumiendo conscientemente el maravilloso riesgo de vivir libres y apasionados por la vida, desde la condición femenina que elegiste para esta visita a la Tierra.

Hay riesgos, la vida es una bella inseguridad, la incertidumbre garantiza la danza de probabilidades en la que se expresa la vida en libertad; no puedes, no debes quebrantar el pacto del libre albedrío: el Universo te envió a la escuela planeta Tierra, portando las semillas de la libertad; germina esa posibilidad, descifra el alcance de la misma, decodifica tu misión en la Tierra, la manera de completar tu historia evolutiva, convertida en estilo de vida. Quiero verte transitar por tu ruta de crecimiento, feliz y decidida, purgada de miedos y desplazándote en silencio o cantando, danzando o haciendo servicio, desnuda de temores e identificando todas las oportunidades, oportunamente. Ahora que ya sabes que los miedos eran sólo tigres de papel, remueve cualquier temor, revisa el mapa de tu vida y rasgando el velo del pudor y del miedo al error, lánzate a construir la vida que sueñas. Reapropiarse de tu vida es la mejor noticia para tu alma, el resto, celebrarlo creciendo y disfrutando. En este sentido te propongo prepararte integralmente para la vida, aprendiendo a desarrollar las competencias existenciales que en secreto ella pide a toda mujer que quiera vivir la vida plena. Dejaré esto en tus manos en la próxima misiva. ❀

FRATERNALMENTE,
Chamalú

carta 16
Cómo desarrollar las competencias existenciales

ESTIMADA APRENDIZ:

Escribirte me emociona, te imagino pensativa, sonriendo a veces, indignada, dispuesta a apuntarte a la vida. Es preciso estar absolutamente atenta, instalarse en la zona de lucidez donde la mujer se da cuenta rápidamente de cualquier intento manipulatorio. Ya sabes que ninguna cadena es recomendable, que es preciso prepararse para la vida y que ello no ocurre en las escuelas ni Universidades. Invierte tiempo en ti, en tu preparación para la vida, derriba rápidamente cualquier naciente temor, pregona tu fidelidad a la vida y el hundimiento de todo lo innecesario; todo es provisional, estamos de paso, carecemos de tiempo para perder, la vida entera apenas si nos alcanza para cumplir nuestro propósito existencial.

Ya sabes que te quiero insaciable en conocimiento, harta de lo superficial, bebiendo en los manantiales de la sabiduría ancestral, decidiendo con lucidez, despertando de sueños inducidos, reanudando la evolución consciencial. ¿Ya te cambiaste de domicilio? No, no me refiero tanto a lo geográfico, estoy pensando en la imperiosa necesidad de mudarse de los suburbios de la infelicidad, para instalarse en los suntuosos barrios donde la felicidad se pasea de cuerpo entero y la libertad no teme ser libre, donde la vibración elegida es el amor, el equipaje la paz y la salud, parte fundamental de un estilo de vida elegido, donde la vida es lo prioritario.

El tiempo es breve, no acostumbra perdonar, por ello no descuides ni un instante dejándolo a la intemperie de la banalidad. ¿Ya observaste de qué estás llena? ¿Atravesaste la espesura de tus últimas confusiones y apostaste tu vida a la vida? ¿Ya requisaste tus prioridades descartando todo aquello que no sea imprescindible? Te necesito serena, realista, soñadora, totalmente dispuesta a renunciar a todo lo que te impida avanzar, viviendo sin remordimiento la estación de la vida que te toca vivir; te quiero lapidariamente honesta, llevando en alto tu código ético, apuntada a la dinámica transformacional, te quiero entretejiendo multidimensionalmente tu vida, fraguando nuevas iniciativas, descendiendo hasta lo más profundo de ti para conocerte a fondo y llegar al punto de disfrutar de tu crecimiento.

El mundo está como está, ya lo sabes, si quieres convertirte en una guerrera, en una mujer despierta, debes estar preparada para todo, para fortalecerte con las adversidades y ver los problemas como pruebas. Necesitas saber adaptarte a un entorno cambiante, recuerda que la resistencia es posible gracias a la flexibilidad. Comienza manteniendo el alerta sereno, como felino con los ojos abiertos y la mente alerta, cultivando un buen estado físico y una voluntad inquebrantable. Precisas generar una gran capacidad de resistencia, aprender a estar bien en todas las circunstancias, incluso en las más duras; adicionalmente, es necesario que cultives una gran paciencia y la imprescindible serenidad que garantiza la lucidez, esa capacidad de estar a la altura de los mejores desafíos.

El mundo está como está, su caos se insinúa creciente. Ya es de conocimiento tuyo que la educación convencional no nos prepara para la vida, que sólo nos entrena para la vida laboral cuando en verdad lo que precisamos es una preparación para una vida, que es un telar donde intenciones se trenzan con las emociones, las acciones con las relaciones, en un artístico estilo de vida. A eso llamamos competencias existenciales, a la capacidad de manejar nuestra energía, controlar nuestras intenciones, canalizar y transmutar nuestras emociones, realizar acciones plenas y manejar las relaciones de manera artística.

Desarrollar las competencias existenciales significa aprender a ir por la vida imperturbable, con sordera selectiva y amnesia autoinducida como guerreras pacíficas dispuestas a crecer con todo lo que les pase. Se trata de prepararse pero de otra manera, precisas saber renunciar cuando corresponde, ceder cuando toca, desenfundar tu creatividad, saber manejar conflictos y no desmotivarte cuando las circunstancias se ponen adversas. Prepararse integralmente en competencias existenciales equivale a aprender a vivir, en ese sentido te digo: Habita el silencio profundo, expresa tu sentir, desde que te despiertas eres parte de otra historia, porque tu estructura energética se habrá modificado y tu vibración gradualmente se habrá compatibilizado con el orden cósmico.

Frente a la creciente banalización de los estilos de vida desarrollar competencias existenciales significa conocerse y saber gobernarse, germinar las potencialidades y saber conectarla con aquello que amas y, desde ambas, convertidas en estilo de vida, aprender a resolver problemas, con lo cual, el tema económico queda indirectamente resuelto. En ese sentido te proponemos aprender a mirar afuera y adentro, cuidar detalles e instantes, rebelarse ante lo inaceptable, remodelarse tantas veces como sea necesario. Precisas, como mujer sagrada, prepararte de manera integral para la vida, saber que la teoría es la reflexión de lo que estás haciendo, que ellos son inseparables.

Vive como piensas y sientes, devuelve la magia a la vida, esto no debe ser un acontecimiento aislado; vivir concientemente significa reflexionar lo que estamos haciendo, permitirnos sorprendernos, aprender a aprender, dialogar con la diversidad y ser experta en transmutar todo aquello que venga de un entorno caótico. Desarrollar las competencias existenciales significa aprender a caminar por la vida con serenidad y lucidez, enfocada en tus objetivos y en tu misión, con creatividad y fluyendo descomplicadamente. Clausura lo superficial, preserva tu libertad, contagia tu entusiasmo, cultiva tu autenticidad en el terreno de tu coherencia; asegúrate que no te roben la alegría de vivir, conservando una rigurosa impecabilidad; si despertaste a la vida…, tu presencia es imprescindible.

Desarrollar competencias existenciales supone adquirir una libertad indomable que supone ir por la vida con pasión y desapego, sin generar vínculos, consciente que estamos de paso; tú sabes, nada es definitivo, pero mientras estemos caminando sobre la tierra celebremos la vida y sus encantadoras sorpresas. Finalmente decirte que somos Tierra que camina, Tierra que respira. Eres agua, fuego, eres pasado y futuro, estás aquí para cumplir tu misión, para garantizar el crecimiento de tu conciencia. El camino a la vida pasa por el aprendizaje de todo lo que necesitamos saber para aprender y disfrutar, para aprender y crecer, para amar y ayudar a los demás desde el silencioso ejemplo y las huellas inspiradoras que seamos capaces de grabar en la memoria de quienes nos conocieron.

Desplegar las capacidades existenciales equivale a dejar de ir por la vida tanteando asustadiza, hay paredes, pueden derivarse; hay límites, son muros con ruedas; hay problemas, podrías invitarles a danzar contigo y desde la creatividad de una danza espontánea, convertir todo lo que pasa en una oportunidad de crecimiento. Ya sabes que no haber aprendido a vivir permite que la infelicidad corroa el alma, que la estupidez decapite toda iniciativa, que no es posible vivir sin haber aprendido a vivir y, al interior de ello, desarrollar las competencias existenciales imprescindibles. Nunca más permitas que te calcinen la voluntad, que te hagan perder tiempo aprendiendo lo inservible, ¿quieres saber cómo lo hice? En esta colección de cartas que dejo en tus manos te cuento todos mis secretos, sólo tienes que leerlos y releerlos y pronunciar: "SÍ, ACEPTO", pero esta vez a la vida y su oportunidad evolutiva. Aprender a vivir bien es el primer requisito en este maravilloso itinerario, de eso precisamente quiero hablarte en la próxima entrega.

FRATERNALMENTE,
Chamalú

carta 17
Cómo vivir bien a tu manera

ESTIMADA APRENDIZ:

He desatado toda mi espontaneidad para sentarme contigo y escribirte estas cartas. Percibo que se estrecha el tiempo en mi vida, que aún cuelgan en mi presente sueños inéditos y objetivos pendientes. Admito que por las calles de mi existencia aún transitan preguntas, algunas convertidas en provisionales dudas; percibo también el lejano aullido de las críticas, en la actualidad se presentan distantes, reflejan el choque de paradigmas desde ese día en que elegí jugar con mis propias reglas y vivir hasta las últimas consecuencias.

Me gusta vivir a mi manera, es la mejor forma de vivir bien, surfear tsunamis si hace falta y permitir que la brisa juegue con mi cabellera, habitualmente despeinada; cedo cuando corresponde, me empecino cuando es necesario, esculpo el silencio con palabras reverentes, deslizo mi mensaje usando de manera creativa vocales y consonantes, busco desembarcar una filosofía de vida en cada corazón disponible y que en cada uno germine su propia cosecha. Anhelo también contribuir al despertar de muchas mujeres, no más somnolencia ni enanismo existencial, por eso vine a deletrear a tu alma: la vida es otra cosa.

Después de tantos años, decidí acopiar todo lo aprendido y esparcirlo a lo largo y ancho de 45 cartas, una por cada ocho días del año, para que puedas inhalar acompañada de otras mujeres y juntas decodificar sus secretos. En estas cartas encontrarás mis ojos, mis manos, mis caricias, mis recuerdos, mis sueños, mis secretos, mis visiones y mis intenciones. Todas permanecen intactas, carecen de enumeración por importancia, quiero que las encuentres y te las lleves, que las aclimates a tu vida, que las abones con arcoíris, que las espolvorees por encima con una pizca de ternura. Te advierto que una lectura será insuficiente, hay mucho mensaje implícito, insinuado entrelineas; éstas son cartas instaladas en dos realidades, una visible, que la puedes palpar y abordar racionalmente; otra invisible, que precisas intuirla y decodificarla con el corazón. Aprender a vivir bien, es la alternativa válida, el resto es un antiestético escándalo, con miedos apiñados y una existencia pisoteada por el bullicio de la frivolidad, oficialmente recomendada.

El secreto para vivir bien es vivir bien, pero ¿en qué consiste vivir bien? El Sumaj Qamaña o Sumaj Kausay, es un concepto andino equivalente a la felicidad y significa saber vivir, esto nos lleva a otro paradigma, a una manera distinta de ver y vivir la vida, con características bien personales y adecuadas a la etapa o coyuntura existencial en la que se encuentra cada persona. ¿Sabes en qué etapa de tu vida estás? ¿Sabes que se vive por etapas? ¿Que la vida no es una línea recta más o menos inmodificable sino etapas o círculos que se abren y se cierran? Una etapa tiene sus propias características, sus particularidades y prioridades y es importante saber escuchar nuestra voz interior para darnos cuenta lo que nos pide el alma en cada etapa de nuestra vida.

El aprender a vivir bien debe ser compatibilizado con la coyuntura existencial en la que nos encontramos, de manera que genere el mínimo gasto de energía y genere altos niveles de satisfacción, crecimiento y capacidad de aportar a los demás. El vivir bien, desde nuestra filosofía, no tiene relación con aparentar lo que no se tiene, con status o prestigio, con acumulación de bienes o dinero; para nosotros vivir bien supone estar haciendo lo que amamos hacer, estar viviendo como elegimos vivir y todo ello en ese autoconocimiento que nos permite conocernos para gobernarnos, saber controlarnos para estar en condiciones de elegir la emoción que necesito en cada momento, para garantizar mi crecimiento y avance en la perspectiva de lograr mis mejores objetivos.

El Sumaj Qamaña, sobre una base general, se personaliza, porque parte utilizando la posibilidad, el derecho o mejor aún, el deber de elegir como se quiere vivir. Estoy convencido que se necesita talento para vivir bien, el talento que cada uno posee, que precisa en muchos casos descubrir o germinar y, junto a ello, aquello que sentimos que nos apasiona. Ese tejido de iniciativas, decisiones basadas en nuestras capacidades y lo que amamos ser y hacer nos permitirá a cada uno transitar por el sendero de la realización personal, del crecimiento interno que se traducirá en una vida plena y de gran aporte a los demás.

Hace un momento te dije, vivir bien requiere otro paradigma. No podemos aprender a vivir bien si continuamos individualistas y con temores vigentes, tampoco si somos incapaces de lanzarnos, de amar, de inventar nuevas soluciones a los problemas de siempre. No podemos aprender a vivir bien, si no nos conocemos, si aún nos complicamos, si permitimos que el caos del entorno se infiltre en nuestro mundo interior y si permanecemos intermitentemente motivadas y desmotivadas.

A manera de ejemplo, podría decirte que vivir bien incluye saber tomar buenas decisiones y, al interior de ello, aprender a pensar y meditar, a conocerse y crecer, a recuperar las riendas de tu vida y tu sensibilidad, aprender a ser feliz, a amar y usar con lucidez tu libertad, aprender a conservar tu salud, a alimentarte en función de tus necesidades, a ser solidaria, a expresar lo que sientes, a soñar, a resolver problemas con facilidad, a estar en contacto energizador y purificador con la Madre Tierra, a manejar adecuadamente tus intenciones y emociones, tus relaciones y acciones. Esta lista podrías completarla en función de tus particularidades y características personales, así como de la coyuntura existencial en la que te encuentras.

Aprender a vivir bien incluye aprender a morir y ello se dará con naturalidad si viviste cumpliendo tu propósito existencial. Quiero que sepas, antes que otros te lo digan, que vivir bien no equivale a un paraíso perfecto sino a otra concepción de la vida. Para nosotros vivir bien alude a ese bienestar traducido en armonía, en equilibrio dinámico que no excluye dificultades y problemas, pero que éstos son reciclados y reconvertidos en enseñanzas de las cuales nos beneficiamos. Estamos conscientes que vivir bien incluye deberes y derechos, relaciones comunitarias, solidarias y fraternas, que incluye además saber complementarse y convivir creativa y pacíficamente con la más amplia diversidad. Sabemos que vivir bien es un proceso que se construye, que precisa ser implementado cotidianamente y aclimatado a cada persona. Sabemos también que es una forma de vida alternativa a la ofrecida por esa civilización que intenta seducirnos mediante el consumo y el culto al tener y aparentar.

No hay recetas para vivir bien, porque esto implica aprender a vivir y ello está basado en un trabajo interior y de autoconocimiento que cada uno tiene que implementar en su vida. Para nosotros esto implica conocer el Pacha, el todo del cual somos parte y comenzar a vivir conectados con él, es decir, vivir vibrando en la frecuencia del amor; vivir conscientes que todo está interconectado, que incluso conviven pasado y futuro al interior de una concepción cíclica del tiempo, una espiral que también incluye a nuestras vidas, las cuales precisan ser convertidas en un telar multicolor teórico práctico conectado a tu misión.

Necesitas muy poco para vivir bien, comprender que ella no es una opción entre varias sino la alternativa real para completar nuestro paso evolutivo por la Tierra, que las demás opciones son variantes de supervivencia que no incluyen crecimiento ni cumplimiento del propósito existencial. Con frecuencia me pregunto, ¿de qué sirve tener diplomas y dinero si no sabemos vivir bien? ¿Te imaginas toda una vida para vivir como sueñas? ¿Te quedo claro que vivir bien requiere arte, creatividad y trabajo interior?

Por ahí andan diciendo que la vida es lo que hace la mayoría, ya sabes que esa es una afirmación capciosa, la vida es otra cosa, me consta, tantas existencias reducidas a escombros, tantas vidas convertidas en añicos, tanta gente joven trastabillando entre malas decisiones y remordimientos; hay quienes en vez de doblar la esquina, luxaron su misión y quedaron hipnotizados por el sistema y el consumismo, malgastando su energía, haciendo piruetas existenciales, dejando que el vaivén del caótico entorno dirija sus vidas. Vivir bien incluye aprender a vivir y, a continuación, danzar en tu propia música, sin que el desaliento ajeno te contagie. Sólo entonces podrás recostarte en la playa de tu vida, respirar sin prisa y cultivar tus más frondosas pasiones, al estilo elegido por los talentos recibidos y oportunamente germinados. Ese es el camino a la vida. Quiero hablarte más de todo esto en la próxima carta, porque no sólo se trata de vivir bien, quiero verte tocando el cielo con tus manos. Un abrazo.

FRATERNALMENTE,
Chamalú

carta 18
Aprendiendo a vivir la vida plena

ESTIMADA APRENDIZ:

Si fuera posible me gustaría fundar contigo un mundo donde la vida sea sagrada, la naturaleza respetada, las nuevas generaciones preparadas para la vida plena y donde todos nos reconociéramos en nuestra diversidad, sin jerarquías ni discriminaciones, donde el amor fuera la base de un estilo de vida enfocado en la evolución consciencial. A veces me considero un pájaro herido de vuelo cansado y con déficit de belleza; elegí sobrevolar el mundo, constatar el suplicio de la Madre Tierra, inventariar sus heridas, ver la degradación de la humanidad, su descendente forma de vivir, ese olor a sangre y mediocridad, a vacío y sinsentido existencial. Admito haberme zambullido en la locura del consumismo y en los reinventados desechables que están infectando con basura el planeta; admito haberme conmocionado con la presencia de desalmados líderes, ciegos y sordos a los mensajes de la biosfera, ¿podremos detener a tiempo esta tendencia necrofílica y heredar a las nuevas generaciones un mundo habitable? Sospecho que aún estamos a tiempo aunque en verdad, queda poco tiempo.

Entonces apelo a las mujeres, a la urgencia de despertar y comenzar a prepararse y aprender el arte de vivir con plenitud; la mujer despierta está más cerca de la vida, ella es productora de vida y, por ello, más capacitada para dar la espalda al infierno civilizatorio y, abandonando el pantano del sinsentido, recuperando la maltratada libertad, hacerse cargo de la vida nuevamente. Mujer, quiero volver a verte volando, acariciando el rocío con tus pies descalzos, cantando en el bosque para el renacimiento de especies exterminadas, ensanchando la esperanza, educando seres de luz, no precisamos más orugas arrastrando miserables existencias cuando es posible cultivar el arte de vivir desde la infancia y, antes de nada, asomarte a la plenitud con ojos infinitos, palpar la piel de la eternidad en cada instante plenamente vivido, palidecer lo normal desde la cima del éxtasis logrado y, antes de todo, quizá, comenzar aboliendo al monótono miedo que sólo sabe interferir en su aburrida existencia.

Aprender a vivir es una decisión inteligente. Cuando se trata de aprender a vivir debemos ser incansables; comencemos a vivir el presente artísticamente, recuerda que lo que importa no es lo que pasa sino qué significa para ti, que es posible vivir en este estado de alerta sereno y de aprendizaje constante de manera indefinida; quizá el primer paso sea estar consciente de cada momento. ¿Estás presente en cada acto? Recuerda también que vivir no es sólo comer, trabajar y defecar; quien sabe vivir, sabe todo.

Te proponemos centrarte en la vida, que ella tenga sostenibilidad a todo nivel, que tus pensamientos estén en el mismo lugar que tu cuerpo, que tu mente permanezca abierta a las enseñanzas y sorpresas, la vida es una danza de probabilidades, en la que siempre hay muchas posibilidades. Ámate y ama la vida, fluye suelta, deja ir, decide a cada momento cómo quieres vivir y actúa en ese sentido, recuerda que eres responsable ante tu conciencia y ante la Humanidad, recuerda también que si no nos superamos a nosotros mismos, no habremos abandonado el reino animal.

No luches contra la oscuridad, es suficiente encender tu luz; estamos aquí para darnos cuenta que estamos aquí, en la escuela planeta Tierra con un propósito fundamental: continuar nuestra experiencia evolutiva multiencarnacional; el resto, disfrutar de todo el itinerario sabiendo que la vida, en el fondo, es un apasionante misterio. Para comprender la vida comencemos aprendiendo a vivir, sin olvidar que la vida no es lo que parece y que todos y todo tienen algo para enseñarnos.

Ahora que ya sabes que a vivir se aprende, que la plenitud está al alcance de quienes se inician en este sagrado arte, puedes reinterpretar el pasado, planificar el futuro sin dejar de vivir el presente y simultáneamente posibilitarte armonía contigo misma, con los demás y con la Madre Tierra, vestida de humildad, atenta a todo lo que haces, con una irrenunciable fidelidad a tu misión, preservando tu paz interior en medio del caos, independizándote de lo que haces, viviendo vida hasta la muerte; no temer al futuro equivale a prepararse para todo, el resto, disfrutar de la vida y sus sorpresas.

Vive y deja vivir, paséate por el bosque, por los parques, por la calle, pero conscientemente, limítate a vivir fervientemente cada momento; las oportunidades son las cartas que nos da la vida, vivir es elegir pero elegir bien y eso se aprende. Al estar solos en el Universo y disponer de un libre albedrío, es urgente aprender a elegir. Observa tus deseos, sé honesta contigo y con los demás, ya sabes que la vida es un lugar para despertar, que toda forma de autoengaño significa ignorancia. Recuerda también que sólo puedes vengarte siendo cada vez mejor.

Quiero desencadenar contigo todas las buenas noticias posibles; ahora que constataste la posibilidad de desplegar tus alas quiero verte migrando a la magia, atrevida pero lúcida, condenada a la felicidad irreparablemente, irónica ante la incomprensión y descifrando los misterios de la vida plena, de eso se trata la evolución y el propósito de visitar este planeta. Que lo demás no te preocupe, deja que la brisa de la crítica despeine tu cabellera, la vida incluye curvas, túneles y eventuales neblinas; tranquila, tendrás más problemas, sin embargo, tu capacidad de jugar con ellos se habrá multiplicado y podrás sacar a la calle tu poesía, una pizca de ironía y un ejército protector poblado de confianza en ti misma, de pasión desapegada por la vida y de algún cómplice invisible, que desde la zona de misterio someta cualquier embestida. Vivir plenamente es un arte que se aprende, ya lo sabes, y no ocurre sólo en esta dimensión. Otro aprendizaje imprescindible es la recuperación de tu sensibilidad, este tema está envuelto en la próxima carta. ¿Continuamos?

FRATERNALMENTE,
Chamalú

carta 19
Recuperar tu sensibilidad e intuición

ESTIMADA BUSCADORA:

Esta civilización garantizó la expulsión del humano del paraíso terrenal; la mujer al salir perdió las alas de su sensibilidad, a ella le gustaba sobrevolar la vida hasta el éxtasis pero lo patriarcal clausuró su libertad, amputó su espontaneidad, sembró angustia en su corazón y le entrenó a ser su propio verdugo. ¿Recuerdas la edad media donde casi todo estaba prohibido? ¿Donde ser mujer ya era sospechoso? ¿Recuerdas las oscuras intenciones y los profusos castigos? ¿Recuerdas a la santa inquisición empujando tu autenticidad a la hoguera y apagando con fanatismo todo fuego encendido? En el fondo fue el miedo a ese poder femenino que siente y presiente, que de manera sutil ejerce un poder que no requiere la fuerza bruta sino el perfume del magnetismo y la seducción del misterio.

Urgente curar tus heridas y dejar que cicatricen sin remordimiento y, a continuación, ejercer el milagro de ser tú misma, en la versión desconocida y antes prohibida. Se trata en el fondo de volver a encender tu estrella, de recuperar tu ímpetu y germinar renovados anhelos, ardientes sueños, como quien escribe designios en el horizonte y destapa sin pudor sus más atrevidas intenciones. Urgente defenderte del caos del sinsentido y, portando el estandarte de tu sensibilidad, recurar la intuición e incorporarla junto a la razón, en la gerencia general de tu vida y con ambas, debidamente compatibilizadas, subir cuestas y tomar decisiones, tutearse con la incertidumbre y con los ojos de la confianza contemplar tus alas. Un mandato existencial de toda mujer despierta: transgredir todo aquello que te interfiera de la mano de tu sensibilidad.

Disponemos de numerosas inteligencias, ellas son herramientas para realizar nuestra misión. Hay tres inteligencias que toda mujer debe explorar: la inteligencia sutil, maravillosa capacidad de conexión multidimensional; inteligencia intuitiva, posibilidad de acceder a información que traemos de otros tiempos y que permanece guardada, codificada en nuestro campo energético y la inteligencia espiritual, a partir de la cual es posible alinear la vida, desde una conexión mística y conectada con nuestra misión.

El denominado sexto sentido tiene su base física en el cerebro y simultáneamente está conectada con las inteligencias antes mencionadas, ellas y las demás inteligencias deberán ser desarrolladas con naturalidad, en función del estilo de vida y la modalidad evolutiva elegida. Es necesario evitar la dictadura y el monopolio de la razón, no quedarnos atados a los cinco sentidos y su pretensión monopolizadora, admitir que las llamadas capacidades extrasensoriales son también naturales, que el conjunto de estas capacidades están comandadas por la inteligencia existencial, a partir de la cual podemos organizar el conjunto de inteligencias que poseemos y ponerlas al servicio de nuestra evolución consciencial.

La fuerza de la mujer es su sensibilidad, para ello precisa despertarse y descubrir esa capacidad, aprender gradualmente a escuchar su voz interior. No te preocupes si en principio no estás segura de aquello escuchado, confía en ti, hazte amiga del silencio y de la naturaleza, recupera tu inocencia, esa pureza que actuará también como protección. La humildad te vacuna contra la soberbia y evita lamentables autoengaños; todo comienza estando presente en el presente, aprendiendo a vivir de la manera más simple y fluida, evitando el culto al fenómeno y cualquier forma de superstición y fanatismo. Apunta lo que sientes y elige tus procedimientos sin temor a modificarlos; diséñate un estilo de vida compatible con tus capacidades y lo que amas hacer, recuerda que la sensibilidad es otro idioma que está reservado para las almas puras y que se encuentran en la ruta de crecimiento por la cual discurre la evolución de tu conciencia, en esa manera precisa de vivir donde tu misión se cumple y el Universo celebra tu paso por la tierra.

La mujer tiene más potencialidades de las que se reconoce oficialmente, su conexión con la Madre Tierra es más natural, más poderosa y puede ser restituida y recuperada, incluso en civilizaciones mutiladoras como la de Occidental. Hazte amiga del silencio y de la soledad, no precisas aislarte, suficiente con reservar algunas horas para ti durante cada semana, algunas noches donde estés a solas contigo. Cuando sea posible, que esta confluencia de silencio y soledad ocurra en plena naturaleza, de esta manera se irá incrementando la conexión con tu cuerpo, con tus cuerpos, con la Madre Tierra, con el mundo invisible y el Universo. El resto, respirar conscientemente, caminar conscientemente, comer conscientemente, vivir conscientemente, admitiendo que la vida no se reduce a lo que ven los ojos, ni a los mensajes recibidos y a la enseñanza comprendida desde el canal lógico-racional. Complementariamente, descansa bien, evita compartir el dormitorio con energías densas, medita antes de dormir, sitúa la cabeza en dirección Este, donde sale el sol y convierte tu habitación en un altar libre de aparatos electrónicos, porque allá guardas tu cuerpo cada noche antes de iniciar viajes multidimensionales de aprendizaje o servicio. Si la sensibilidad es otro idioma, reaprenderlo es deber de la mujer despierta.

Ya sabes que no todo será aplaudido, no es necesario mientras tu osadía este de pie y tu sensibilidad intacta; habrá verdugos, pero la oveja se convirtió en Loba y se mantiene al acecho, vigilando que el tiempo no transcurra en vano. El aroma del alerta sereno es indisimulable, nadie puede atrapar a la mujer despierta, nadie puede enclaustrar al viento y meterlo en una caja, tampoco es posible apropiarse de sus sueños ni interferir en esa felicidad a manos llenas, reservada para mujeres que se despertaron. Sólo precisas, luego de haberte despertado, mantener el diálogo con la vida plena, asegurarte que la vida exista antes de la muerte y guiar tus pasos en la oscuridad inducida de este tiempo, beneficiándote con el resplandor de tu sensibilidad. De esa manera podrás dar el paso justo en el momento preciso y derramar la huella inspiradora a las mujeres que vienen detrás. Debes saber, sin embargo, que la sensibilidad requiere la estructura del poder para edificar la primavera vivencial que habitarás desde ahora. Ese tema está reservado para la próxima carta, si quieres continuar ya sabes que este es un viaje sin retorno. ✳

FRATERNALMENTE,
Chamalú

carta 20
Las claves del poder femenino

ESTIMADA REBELDE:

He verificado mi silencio y desde él quiero escribirte hoy. Que no te llame la atención tanta mujer acomplejada, tanta primavera extinguida, tanto silencio agrietado, tanta sombra devorando inéditos sueños, tanta mujer graduada de objeto, tanto forajido robándose el poder femenino. He visto mariposas con las alas cortadas, titubeantes decisiones, besos desperdiciados, abrazos pendientes. Desfallece la vida cuando no tenemos tiempo de aprender a vivirla, aparece desterrada en la periferia de una existencia purgada de trascendencia. He verificado mi silencio y he constatado que la felicidad se quedó atravesada en el cuello; mujer sin poder, es auto sin motor es acontecimiento hueco, es desangrar energía, deshojar los sueños, embalsamar los objetivos.

La mujer es poderosa, sin embargo, en este tiempo luce derrotada, con alas encarceladas y lágrimas actualizadas; es difícil admitir la existencia de la mujer antes de que ella haya despertado. Amanecida tu nueva existencia, verifica tu poder, es capacidad de autogobierno; es sudar y disfrutar, dejar que el aroma de la felicidad se instale y convirtiendo al éxtasis en verbo, deletrear su naturaleza placentera y compartirla con quienes presienten que la vida es otra cosa.

Comencemos admitiendo la posibilidad, el derecho, mejor el deber de la mujer de no pedir permiso a nadie para ser ella misma. Cuando te hablo de poder me refiero a esa capacidad expresada en magnetismo mediante la cual moviliza los acontecimientos, influye en las personas y hace que ocurran cosas que en ausencia suya no suelen pasar. A menudo la presencia es suficiente, la intensión enfocada, la mirada dirigida, el lenguaje corporal unánimemente diciendo lo mismo que la palabra o ese elocuente silencio.

El poder es inherente a la mujer despierta, proviene de su coherencia creciente y del alineamiento de sus capacidades, de la conexión con ella misma, con todos sus cuerpos y con el mundo invisible mediante la vibración del amor incondicional, lenguaje principal usado en todos los universos. Nosotros no usamos el término empoderamiento por que el poder es inherente a la mujer, sólo debe despertarse y reconocerse.

Cuando hablamos de poder en femenino nos referimos a desplegar tu capacidad de amar y amarte, aceptarte, valorarte, atreverte a ser tu misma, pero lo mejor de ti. El poder ejercido por la mujer opera de manera sutil, imperceptible y es expresado, en principio, en no ser apta para ser domesticada. Ejerce tu poder al interior de una vida elegida por ti. Vive como tú elegiste vivir, comienza por ahí, aprende a hacerte oír, tu palabra vale, aprende también a elegir bien, a tomar buenas decisiones y rápido, cuando sea necesario, tómate tu tiempo, que crezca tu confianza en ti misma; el conocimiento es poder, es decir, cuánto más crezcas, más poderosa serás. Ese es el poder que nos interesa desarrollar, porque un poder sin trabajo interior es peligroso. El dinero da poder, pero... ¿qué poder?

El verdadero poder es interno y se activa creciendo y ampliando la coherencia. Tienes el poder para no escuchar lo que no quieres o necesitas, tienes el poder para enfadarte o reírte, tienes el poder para elegir cómo quiere ser, el poder para elegir la vida que quieres vivir; de ese poder estamos hablando. En ese sentido te quiero exuberante, impetuosa, fuerte pero sutil, femenina, capaz de hacer lo que te propones.

Confía en ti, mantén saludable tu autoestima, valórate; no siempre importa la opinión pública, no necesitas que nadie reconozca lo que haces o lo que vales. Comienza aceptándote, ello es fundamental para transformarse; simultáneamente maneja tus puntos vulnerables a tu favor, se consciente de tus limitaciones y debilidades con toda honestidad y, a continuación, trabaja en cada una de ellas.

Desde que la mujer despierta, hasta las adversidades pueden ser aliadas. La idea es que la mujer al despertar se haga fuerte, esa fortaleza traducida en imperturbabilidad resulta imprescindible para ir tranquila por la vida. Es importante saber defenderse, ser autosuficiente, lograr tu soberanía existencial, valorarte al punto de poder decir NO sin miedo ni remordimiento. Mira el extremo al que hemos llegado, ahora hay hombres que amenazan con violar a una mujer. La mujer es poderosa, pero sólo si está despierta.

Te necesito sensible, es decir fuerte, o sea libre, transportando tu sensibilidad a todas partes; desde esa capacidad bien manejada podrás recuperar esa habilidad de darte cuenta, un instante antes de… que ocurra lo innecesario. La gente cree que vive y en verdad un día se arrepentirá, como aquel anónimo que dijo: si volviera a nacer sería más atrevido, más viajero; me cuidaría menos y disfrutaría más, ampliaría mis límites y mi único pacto seria con la vida, en un contexto de coherencia, territorio favorito del poder. Te necesito ejerciendo tu poder, derribando prohibiciones, atrapando oportunidades, creciendo indetenible y conservando siempre las riendas de tu vida en tus manos. ¿Poder femenino? Me gusta, pero antes de sacarlo al público convierte esa vela encendida en una inapagable hoguera. ¿Alguien quiere desencadenar su vida? ¿Eres tú? ¡Bienvenida! Presiento que tu vida, está quedando en buenas manos.

Ahora quiero invitarte a recorrer conmigo el apasionante mundo de la sensualidad y el erotismo espiritual. Si estás preparada para ello nos vemos en la próxima carta. ❂

FRATERNALMENTE,
Chamalú

carta 21
Erotismo y sensualidad espiritual

ESTIMADA MUJER:

Si fuera posible me gustaría indagar las bases sobre las que se funda tu existencia, apegarme a lo prohibido, considerar al tabú tu territorio y decretar la abolición de todas las prohibiciones; suprimir a la víctima y al verdugo, traspasar los límites necesarios y derribar a golpes al miedo en sus más variadas expresiones. Si el tirano fue injertado en tu cabeza, si desde allá, en algún momento de tu vida, fue asfaltado tu sentir, quiero proponerte devolver el viento huracanado de la rebeldía, purificar todas las latitudes de tu existencia, quizá el pudor sólo sea un engendro maligno para amordazar tu libertad y reprimir tus sentidos.

Si fuera posible me gustaría contemplar tu atrevimiento de pie y ver a tu rebeldía pasearse con total impunidad por los senderos del presente y que las llamadas buenas costumbres salgan despavoridas, que queden aullando desde los pantanos de la represión y del autoengaño. Quiero ver caminar tu libertad de cuerpo entero, silenciar con tu serenidad a tus exverdugos, generar enloquecidos comentarios respecto a tu salud mental, sospechando de tu comportamiento moral, cuando en verdad sólo estarás derritiendo los glaciares de la hipocresía social, ejerciendo con coherencia un saludable código ético, caminando por la vida serena, optimista y descalza, bebiendo el rocío del amanecer de sueños inéditos, desarmando conjeturas, confirmando diagnósticos. Es tu vida y ella comienza, abriendo las puertas de la jaula de lo convencional.

En este camino de aprendizaje es necesario redefinir términos como erotismo, desligarlo de lo sexual para conectarlo con ese placer místico que incluye haber descubierto la vida, en su dimensión profunda y sagrada. También precisamos redefinir la sensualidad, entenderla como la fiesta de todos los sentidos, a partir de la cual los ojos convierten los colores en terapia estimulante y armonizadora; los oídos fabrican sinfonía a partir de sonidos naturales que alimentan el alma y nos hablan del silencio y su lenguaje invisible; el olfato es el pasaporte al éxtasis cuando nos envuelve con bufandas de aromas y abre caminos perfumados, rumbo a otros estados de conciencia; el gusto nos permite saborear la vida en sus más exquisitas posibilidades, mientras el tacto eleva a categoría de supremo placer el contacto y el abrazo, alimentación energética que sana y armoniza.

Consideramos espiritual a la sensualidad, al cuerpo un altar, un parque de diversión multidimensional que nos habla de otros estados de consciencia y del paraíso en la Tierra. En la antigua Grecia erotismo aludía al dios del amor, a la capacidad de sentir y dar placer; la sensualidad es la admisión del cuerpo como un órgano de placer, hay erotismo en todo el cuerpo y en todas las edades de la vida, nuestros cuerpos sutiles son parte de la zona erógena, aeropuertos mutidimensionales desde los cuales se inician viajes a otras realidades, ahí habitan paradisíacos lugares que son verdaderos, pero en otra realidad. Redefinidos estos conceptos, el resto es explorar tu cuerpo, tus cuerpos, reapropiarte de él, de ellos; eres la única y definitiva dueña, no más tabús en tu vida, no más represión ni rigidez, si te atreves a ser tú misma, encantar será natural, cautivar será un acto espontáneo, seducir una habilidad social destinada a despertar consciencias, romper prejuicios y vivir cada instante con la pasión de quien sabe que esta experiencia no va a repetirse.

Podrán decir de ti que tienes las raíces descubiertas, que escupes frases corrosivas, que siembras las semillas del mal ejemplo, que perteneces a la fiesta salvaje de lo inaceptable; podrán decir que tu llegada genera movimientos sísmicos en los presentes que hasta los simios están pendientes de tu presencia, que las orugas se incomodan con tu vuelo, que te vieron escribir en la piel de tu alma el grafiti de libertaria. Si quieres confirma los colores del arcoíris o ignora la oscuridad de la noche, enfocando tu atención en la parpadeante luz de las estrellas; si prefieres ignora los ladridos aplicando el método de la sordera selectiva y la amnesia autoinducida o confirma las ráfagas de incomprensión, tu serenidad estará blindada por la vibración del amor y la luminosidad de tu sabiduría vivencial. Si elegiste ser mujer, ello incluye el fuego y la magia, ser exploradora del país de las sensaciones, de sus estaciones erógenas y la mística de ese erotismo natural que conduce, más allá de lo sexual, a la magia de la alquimia, que desde el altar de tu cuerpo puede ponerse la túnica de la sacerdotisa, que vestida con alas inaugura vuelos iniciáticos a bordo de la alfombra mágica del éxtasis. Erotismo y sensualidad espiritual es sólo eso, asomar los ojos del alma, descorrer la cortina de misterio y descubrir lo que cada una precisa para crecer, más allá del miedo, declarándose la única propietaria de la zona sagrada de tu cuerpo. Tranquila, no insistas en volar muy alto si tienes vértigo, sólo te pido me prometas no usar más cadenas y ser cada vez más tú misma. A continuación quiero hablarte de la meditación natural de la mujer que es parte de este maravilloso itinerario. ✳

FRATERNALMENTE,
Chamalú

carta 22
La meditación natural de la mujer

ESTIMADA GUERRERA:

Habitamos un tiempo que no existe, evitamos una muerte inevitable, vivimos sin haber aprendido antes a vivir, como si la vida sólo se tratara de respirar. ¿Escuchaste hablar de diplomacia existencial? Es el arte de manejar artísticamente nuestras relaciones interpersonales, aquellas que son eventuales y distantes, que mal manejadas tienen un alto costo energético. Si quieres administrar bien tu vida deja de correr, ella es una caminata sagrada, necesitas sentir, presentir y ello no ocurre con la velocidad de una vida superficial. Es posible transformar todo lo que haces a partir del amor y la entrega, del convertirte en lo que haces mediante una meditación natural; es posible alimentarse del silencio, convertirlo en escalera invisible a otras realidades, descifrar esa elocuencia que no depende de sonidos; es posible sintonizar el silencio profundo, eliminar la borrasca del sinsentido y otorgar luminosidad a la sucesión de instantes recibidos.

Nadie está condenado a vivir mal, ni es preciso que la tristeza circule por nuestra vida como si fuera un circuito recomendable. Comienza sobrevolando tu presente, haciendo de tu vida un arte, sacándole el brillo a cada momento vivido, agarrando las mejores metáforas y amoblando con ellas el presente. Ahí comienza la meditación, cuando aprendes a estar presente en el ahora, sin fugas energéticas ni divagaciones existenciales, viviendo con la pasión y la reverencia de quien se sabe fugaz y simultáneamente eterna, invitada a la majestuosa fiesta cósmica donde el único requisito, es haber aprendido a sintonizar el silencio profundo; en su piel están las claves que nos hablan del misterio de la vida y de la razón de nuestro paso por la tierra.

Hablando de meditación, el primer paso es olvidarse de lo que hasta ahora hemos escuchado respecto a la meditación. Precisamos desesoterizar esta práctica y convertirla en una actividad natural y cotidiana. Meditar para nosotros es estar presente en el presente, alertas y serenos, respirando conscientemente enfocados en lo que estamos haciendo o, mejor aún, convertidos en lo que hacemos. Si amamos aquello que realizamos, en un contexto de reverencia y entrega, habremos sintonizado otro tiempo además de incrementar nuestra conexión y comprensión de la vida. Primero relaja tu cuerpo, luego observa al observador, toma consciencia de lo que ocurre adentro y afuera y, a continuación, conviértete en lo que estás haciendo.

Meditar es llenarse de amor, entrar en contacto con tu esencia, observarte hasta no ver nada más que a ti, diluyendo tus fronteras corporales, conectada con la tierra, el agua, los árboles, las montañas, el Universo, sintiendo que somos la parte humanizada del infinito. Los ojos podrán estar abiertos o cerrados, la mente abierta, instalados totalmente en el presente, sintiendo cómo la energía fluye placenteramente. Puedes meditar cantando, danzando, cocinando, nadando, caminando, haciendo el amor; puedes meditar escuchando los sonidos o el silencio, el canto de los pájaros o los sonidos más lejanos; puedes comenzar a meditar simplemente sin proponértelo, sólo precisas disfrutar de los que estás haciendo al punto de unir al observador con lo que observa, al hacedor con lo que hace y de esta manera sentir la vida en su dimensión más profunda.

Meditar es una práctica ancestral que realizaban los abuelos con naturalidad. Meditar es mover la energía, hacerla circular por el cuerpo, por los cuerpos; es potenciar lo positivo en nosotros, es dinamizar el auto conocimiento, liberarse de lo innecesario, reconocerse a otros niveles, conectarse con el Chej Pacha, con el orden cósmico, incrementar la sensibilidad. No se trata de controlar la mente sino de direccionarla, armonizándonos a todo nivel, esto incrementa nuestra capacidad inmunológica, regulando nuestra presión, el equilibrio nervioso, nuestra memoria y la capacidad de aprender, además de mejorar la capacidad autocurativa de nuestro cuerpo. Meditar nos hace amigos del silencio y nos presenta la versión luminosa de la soledad y el trabajo interior. Meditar es volver a realizar lo que hicimos en la vida intrauterina, durante la infancia, al jugar cuando éramos niños, por ello reaprender a meditar es natural y está al alcance de todo buscador reverente. Sin embargo, la meditación debe estar integrada al estilo de vida y convertirse en una práctica cotidiana y placentera.

Meditar es nuestra capacidad natural, es nuestra manera de recordar lo que fuimos, lo que seremos y sentirnos nuevamente en casa; es desnudarnos de pensamientos y, atravesando la pesadilla de una vida sin trascendencia ni sentido, acallar las preocupaciones y todo vestigio civilizatorio, situándonos más allá de la testarudez racional para conectar nuestros cuerpos con el Universo que también somos, sentir que todo es uno y todo está vivo, dando la palabra a la poesía, al arte y a otras plenitudes, elevado a categoría de inefable cada instante de nuestra existencia. Meditar no es callar, es vibrar conectados al Universo, refugiados en una caverna de silencio, donde la música tiene colores y el amor se convierte en nosotros.

¿Sabías que la misión puede conectarse con la profesión y juntas generar prosperidad integral? Es nuestro próximo capítulo en esta caminata iniciática. ¡Ahí te espero! ✳

FRATERNALMENTE,
Chamalú

carta 23
Misión, profesión y prosperidad integral

ESTIMADA SOÑADORA:

El eclipse lunar de anoche me devolvió a las estrellas, la montaña fue testigo de este viaje; es saludable recordar, cerrar los parpados y comenzar a ver de otra manera. La memoria es un mirador, recomendable sólo almacenar buenos recuerdos, el resto, por razones de higiene vibratoria, enviarlos al inodoro del olvido y tirar la cadena definitivamente. Entonces miré un recuerdo desagradable por última vez, evoqué la comitiva de emociones que generó ese momento y luego de darles el pésame respectivo, pasé la página definitivamente.

No hay tiempo para perder; no podemos hundirnos en nimiedades ni permitir que la sombra de los errores perturbe nuestra misión. Nuestra profesión y prosperidad integral dependen del adecuado manejo de nuestra vida, respecto a la misión que traemos. De pronto un relámpago, en un contexto de interiorización, a la intemperie de la vida o en el fértil terreno meditativo, será la visión que esclarezca la misión, el resto, convertir la evolución consciencial en un estilo de vida.

Te advierto, no sonarán las alarmas cuando se esté incendiando la estupidez, quizá el éxtasis salpique un discreto gemido, se disipe la neblina y la embestida de la crítica no te haga ningún efecto y se derrumben los miedos, se consolide la ternura y la felicidad sea la embriaguez cotidiana y cada instante, esa copa de vino para celebrar la recuperación del sentido de la vida. Encontrar nuestra misión es alumbrar nuestro sendero y abrazar la vida, reteniendo el perfume de sus diversas enseñanzas.

¿Sabes? a veces me dan ganas de decirle a todas las mujeres que anhelan despertar: por favor no trabajen, vivan, comiencen a vivir, elijan el estilo de vida que garantice su vida, es decir, su crecimiento y, después de ello y nunca antes, elijan la actividad a la que quieren dedicarse. No necesitamos trabajar duro para ganarnos la vida, precisamos aprender a vivir; de esa manera evitaremos caer en el paradójico error de la gente que pierde la vida por ganarse la vida.

No me parece descabellada la idea de renunciar al trabajo para rediseñar la existencia, esto en caso que el trabajo sea una interferencia para tu crecimiento. Urgente repensarlo todo y, al interior de ello, comenzar a revisar las prioridades, simultáneamente mira a tu interior y detecta las potencialidades que tienes, en base a estas capacidades y lo que amas hacer, podrás comenzar a rediseñar tu vida; busca de manera especial aquello te da placer y crecimiento, porque la verdadera recompensa del trabajo es el placer de hacerlo. Recuerda que el salario es una recompensa complementaria.

A quien disfruta lo que hace no le interesa jubilarse pronto ni siquiera tomar vacaciones. Hacer lo que amamos es la verdadera vacación. Comienza viviendo cada día como si estuvieras de vacaciones, porque vivir para trabajar no es inteligente. Proponemos el desempleo total pero no al estilo convencional sino como el tiempo para reflexionar, para repensarse totalmente, una especie de ocio creativo y creador, en el cual podrás clarificar tus ideas y darte cuenta de lo que realmente precisas, en el momento en que te encuentras. El trabajo no es necesario en su versión de explotación o de autoexplotación; continuar pensando que el trabajo dignifica equivale a creer en la existencia de Papá Noel o en cigüeñas trayendo bebés de París. Me preocupa la obediencia laboral, quizá la falta de trabajo interior deja un vacío que luego es llenado por la actividad laboral, es probable que mucha gente prefiera estar ocupada a tener que pensar y preguntar lo que están haciendo con su vida.

Proponemos la abolición del trabajo en el sentido convencional, para ser reemplazado por hacer lo que amamos en base nuestros talentos y conectado con nuestra misión. Trabajar por salario es venderse a plazos, es decir, te pagan por explotarte; a esta altura de la vida ya para nadie es novedad que el trabajo degrada, que idiotiza y deshumaniza, que destruye la libertad. ¿Tienes empleo o el empleo te tiene a ti? ¿Te imaginas el efecto antisaludable de hacer un trabajo que detestas, pero que debes realizarlo todos los días de todos los años de tu vida? ¿Te das cuenta de los efectos destructores de un trabajo tedioso, que no estimula la imaginación, la creatividad, que te obliga a estar presente pero ausente? ¿Crees que vivir trabajando es vivir? ¿Sabías que el trabajo es explotación aceptada? ¿Necesitamos continuar participando del consumismo y por ello aceptar condiciones laborales inaceptables?

Antiguamente el trabajo estaba reservado a prisioneros de guerra y esclavos, de pronto, ahora tiene buena prensa y hasta se llega a decir que el trabajo da salud cuando en verdad el único trabajo saludable es aquel que nos permite hacer lo que amamos. Reitero que no se trata de no trabajar, lo que queremos evitar son los trabajos enfermantes, aquellos que no te permiten disfrutar y que son una interferencia para tu crecimiento y realización personal, o aquello que detestas hacer.

Proponemos trabajar transitoriamente, en especial cuando somos jóvenes, trabajar mucho poco tiempo, digamos algunos años, generar un ahorro y convertirlo en capital, invirtiéndolo de tal manera que puedas contar con ingresos pasivos, dineros que recibas sin tener que invertir tiempo ni energía. Las personas mayores, mientras migran a actividades que aman, podrían trabajar medio tiempo o día por medio, reservando el resto del tiempo para hacer lo que aman o prepararse para el próximo paso laboral, articulado a lo que amas y conectado a tu misión.

Descubrir la misión no es complicado, sólo se trata de observarse y pedir ayuda de gente sensible y con experiencia para identificar las capacidades que traes y, junto a ello, aquello que amas hacer. Con ambos, tejidos creativamente, rediseñar tu estilo de vida y desde él ayudar a los demás a resolver, de manera creativa, algún problema no resuelto. Ahí comenzará la energía financiera a moverse, sólo tienes que ser muy buena en lo que elegiste y desde esa fortaleza laboral convertida en estilo de vida, ayudar creativamente a la gente a resolver problemas no resueltos. La gente tendrá cada vez más problemas existenciales, de manera que quienes ayuden a solucionar estas dificultades serán muy requeridos y recompensados. Es posible de esta manera, disfrutar más la vida, haciendo lo que amas y simultáneamente lograr esa soberanía existencial desde la cual tu economía esté resuelta y tu manera de vivir sea la elegida por ti.

Cuando hablamos de prosperidad integral nos referimos a algo más que sólo dinero; la prosperidad que te proponemos comienza con la felicidad, incluye la realización personal, garantiza la evolución consciencial y posibilita la libertad financiera que te permita vivir como tú elijas. Sabemos que el dinero es en el fondo una energía que es preciso aprender a manejar; asegúrate que no sea una finalidad en sí misma, lo importante es que te lo pases bien y ayudes a que la gente se sienta mejor. Es importante también que continúes creciendo consciencialmente, que aprendas a manejar el dinero obtenido, que sepas hacer dialogar a la sobriedad y la abundancia, a la prosperidad y la austeridad, evitando los excesos y aprendiendo a vivir bien sin necesidades innecesarias y, simultáneamente, viviendo bien sin privarte de nada bueno.

Recuerda la importancia de invertir dinero en tu formación, de no comprar nada que no sea imprescindible, de no tener necesidades innecesarias, de redefinir el éxito y no temer los fracasos, al contrario, haz que ellos se conviertan en un impulso para seguir adelante. Recuerda también que el dinero da poder, pero un poder que no interesa, nosotros buscamos un poder interno mucho más poderoso y que no se compra con dinero. Sabemos de la importancia de la independencia económica al interior de lograr el gran objetivo de la soberanía existencial, en esa dirección caminamos sin detenernos, nosotros somos los que se acostumbraron a conseguir lo que se proponen. Adicionalmente te propongo buscar capacitación, aunque sea básica, en finanzas, para saber manejarte en un mundo donde sin dinero no se puede vivir. En el otro extremo, debe quedarte claro que tampoco es posible la vida dedicando casi toda nuestra energía al trabajo.

Camina con calma, luce tu fugacidad con dignidad, la vida es un concierto, desde que despertamos al cumplimiento de nuestra misión. Arregla el follaje de tu existencia, negocia con el destino y transfigura la mirada, no es casual, las mujeres que despiertan a la vida amanecen a otra etapa y con destellantes pasos avanzan indetenibles, dejando huellas inspiradoras en la piel de la memoria de quienes las conocieron. A continuación quiero compartir contigo la elaboración del plan de vida desde el perfil emprendedor de la mujer sagrada. Hasta pronto. ✳

FRATERNALMENTE,
Chamalú

carta 24
El plan de vida de la mujer sagrada

ESTIMADA EMPRENDEDORA:

Observo, me observo, algunos pensamientos cuelgan a lo ancho de mi madrugada, mis emociones se ciñen a lo programado, mi cuerpo se cansa, pero mi voluntad es testaruda; veo pesimismo en todas partes, contemplo redes manipuladoras, desiertos de cemento, existencias desfallecidas, antes bebíamos la sabiduría de las abuelas, ahora almacenan a los ancianos en cárceles para la vejez. Urgente planificar la vida, desenfundar el más atrevido perfil emprendedor y deslizarse con creatividad por el presente que nos sugieren sea clausurado y desembarcar en el puerto de lo imposible.

Discrepo con el enanismo existencial recomendado, con el rebaño de clones, de ovejas que piensan y visten igual, me gustan las mujeres que esculpen su vida, que tienen la misión clara y un buen plan para vivir, las que se atreven a surfear dificultades y deletrean el alfabeto de la emprendedora hasta convertirse en malabarista existencial, impecable y exótica flor del paraíso de la vida. En el otro extremo, la mujer dormida es habitante del mercado de carnes donde se venden objetos y contenido desechable, compatible con el sistema que rechaza la mujer sagrada.

Quizá sea bueno comenzar analizando tu situación actual, ese es un buen punto de partida. Observa minuciosamente tu coyuntura existencial, el momento en el que te encuentras, cómo llegaste a él; analiza el entorno, las condiciones y circunstancias externas y la relación que tienes con ellas; vuelve a continuación a mirar para adentro, observa las condiciones anímicas en que te encuentras, la formación que tienes, las limitaciones financieras, incluso cómo está la salud de tu autoestima y a partir de ello, luego de comprender la realidad que vives, determina lo que quieres y aquello que necesitas para lograrlo.

Es recomendable fluir, ir por la vida descomplicadamente, sin embargo, antes de ello, deberemos asegurarnos de tener claro el norte, la dirección que tiene nuestra vida, esta deberá estar articulado a la misión que tienes y traducida en el estilo de vida elegido. Visualiza lo que quieres para ti a partir de ahora, describe tu modelo de vida y tu ruta de aprendizaje; es necesario tener claro cómo lograrás tus objetivos, mejor si los tienes detallados y, a continuación, escribe tu plan. Adicionalmente es bueno tener un plan B, C, D y los que sean necesarios en los aspectos donde la situación sea más volátil.

Tener un plan de vida, un buen plan de vida es tan necesario como tener los planos de un edificio, sólo entonces podrás fluir porque la dirección estará clara, de lo contrario sería un mero divagar y ello es una manera alternativa y con gran dosis de autoengaño, de perder tiempo y energía. Hay gente que lo hace, hay mujeres que se cuentan un buen cuento para justificar sus errores. Fluir incluye desarrollar capacidad de improvisación. La mujer sagrada sabe planificar tanto como improvisar; se improvisa cuando lo planeado sale distinto, cuando las circunstancias cambian, cuando las personas se alejan de lo establecido, cuando nuestras previsiones no se cumplen, cuando el libre albedrío de los demás es mal manejado.

Nunca abandones tu plan, tu proyecto de vida, mientras creas que tiene validez, sin embargo, hay circunstancias en las que precisas repensarlo todo y, si es necesario, hacer una reingeniería existencial que no es otra cosa que borrón y cuenta nueva. Saber cuándo cambiar un plan es indicio de sabiduría y cuando la situación sea esa, analiza, intuye y decide. Obviamente tu código ético deberá ser mantenido para un nuevo plan, sólo asegúrate de haber comprendido lo que falló y a seguir adelante, en la vida no hay tiempo para remordimientos ni culpas, eso es macabra tecnología medieval con objetivos paralizantes.

Vivir requiere una meta, la mujer sagrada necesita grandes retos, visualizar constantemente el futuro elegido, tener claro la vida que quieres y la manera de obtenerlo, al interior de un cronograma lúcido; recuerda que estás de paso y que el tiempo no perdona. Un buen plan comienza con una renovada capacidad de soñar, de esa cantera extraerás los objetivos y, a continuación, esclarece los medios, el camino para lograrlo. Ese sendero deberá estar iluminado por tus principios y valores, es necesario saber las reglas con las que manejamos nuestra vida para enmarcar en ellas nuestro accionar. Establece también el cronograma en el que te vas a mover, ten claro tus objetivos y movimientos para este año, para este mes, para la semana, incluso para hoy. El resto es prepararse de la mejor manera posible, disfrutar del proceso sin olvidar que un buen plan de vida es interno y externo, es decir, espiritual y existencial, y al mismo tiempo financiero y social.

Todo comienza de esa manera, adicionalmente recuerda subordinar tu plan de vida a tu misión, ya sabes que en su cumplimiento se juega tu evolución y el sentido de tu vida. Es necesario conocer el terreno en el que actúas, saber lo que realmente necesitas y, a continuación, llenarte de entusiasmo. No temas equivocarte, los errores son parte del aprendizaje. Por otro lado, es importante analizar el rol de las personas que necesitas y de las que te influirán en todo este proceso y al tiempo de comenzar preguntarse: ¿para qué quiero lograr lo que me propuse? Si la respuesta es clara y contundente, adelante, con la motivación como combustible, consciente que estás gerenciando la primera y más importante empresa: tu vida.

Recuerda también que la vida es una carrera continua, que emprender es fundamental, que atreverse es imprescindible; precisamos correr riesgos, la vida es una encantadora aventura donde es necesario coexistir con la inseguridad, arriesgarse, así como saber cuándo detenerse o el momento de pedir ayuda. La mujer sagrada es una emprendedora existencial, la que aprendió a no rendirse, la que se especializó en crear oportunidades, la que posee una visión poderosa y maneja su vida desde una mágica creatividad. Es innovadora, organizada, tiene las prioridades claras, es paciente, apasionada y sabe asesorarse bien.

Ella sabe cultivar constantemente un espíritu emprendedor, a tiempo de apasionarse por la vida y simultáneamente no aferrarse a nada. Aprendió a saber hacerlo bien, aplicando una actitud de mejora constante y un aprendizaje permanente. Tiene claro que su objetivo es servir y crecer, no lucrar, sabe que lo financiero fluirá con naturalidad como consecuencia de hacer bien las cosas. Tiene claro que no todos pueden ser buenos en todo, que es preciso apoyarse en los talentos y capacidades, es decir en las fortalezas; tiene claro también las prioridades y la importancia de la originalidad, del pensamiento crítico y estratégico, y del trabajo en equipo.

Al comprender que su trabajo es y será con personas, ha desarrollado una gran capacidad persuasiva e inspiradora, eso le da serenidad en el manejo de conflictos y le permite llevarse bien con la incertidumbre. La mujer sagrada como emprendedora existencial gusta de los riesgos porque ama la libertad, ella busca hacer un camino donde no hay, esa es la manera de expresar su rebeldía en un sendero en el que fluye disfrutando e indetenible. En este sentido te propongo que tus hobbies sean tu negocio, y tu mejor negocio tu vida, el resto crecer, ayudar y disfrutar, es decir, hacer lo que amas sin dejar de formarte y crecer. En este sentido te recomiendo leer biografías de mujeres que te inspiran, rodearte de gente inteligente, mirar donde hace falta lo que tu puedes entregar y visualizar en todo momento el punto al que quieres llegar. ¿Te das cuenta? No es fácil, no es difícil, es tu vida y es lo único que tienes.

Disponer de una plan de vida, equivale a generar un estruendo silencioso, a escribir tu verdadera historia y manejar la cerbatana de la lucidez, elegir bien es un ejercicio incesante que requiere serenidad, en el bullicio de tanto sinsentido contemporáneo. Disponer de un plan de vida es fluir indetenible, creciendo por dentro y danzando por fuera, es vivir sacando chispas a cada momento, con la seguridad de quien sabe nítidamente cuál es su norte, atravesando las barreras que surgen. Vivir conscientes que es una larga caminata, al interior de esta fugaz existencia, es vivir sin pausas, disfrutando y creciendo, aprendiendo y compartiendo, fluyendo libres al interior de un plan que marca un norte, es vivir al vaivén de tu ritmo en amorosa alianza con el Universo y cercana complicidad con la Madre Tierra. La mujer sagrada es emprendedora, porque cruza todo lo ancho de la vida sin dejar de cantar. En todo este proceso, la creatividad resulta imprescindible, esas semillas las tienes en el jardín de tu corazón, sólo precisas saber germinarlas, de eso precisamente quiero hablarte en la próxima carta. ✳

FRATERNALMENTE,
Chamalú

carta 25
Creatividad: cómo vivir plenamente

ESTIMADA BUSCADORA:

Que no te importen las adversidades ni el motín de problemas, que no te afecte el caos del entorno ni la gente que deambula vacía por la vida; que contemples imperturbable los relámpagos de la envidia y la telaraña de la incomprensión, que huyan de ti las sombras del pesimismo, que entre en vigor desde hoy

mismo una nueva manera de interpretar los acontecimientos, una modalidad perceptiva que te permita,
usando el cincel de la creatividad, esculpir todo lo que
te acontece y convertirlo en arte didáctico. Es posible
aprender de todo lo que te pase, sólo precisas dejar de
estar cautiva del paradigma convencional e incendiar
hasta los últimos temores y, a continuación, usar la
magia de la creatividad y desembocar en el océano
de la plenitud.

Anoche, poco antes de dormir, vi conversando a
mis cinco sentidos con el sexto, creo que se estaban re-
conciliando. También fue convocada la imaginación
para que camine en la misma dirección; finalmente
llegaron la lucidez con su implacable rigor y la creatividad, siempre jugando e inventando, les recordó a
todos, al llegar, que la vida es un juego sagrado, pero
juego al fin, que no tenemos que tomarnos las cosas en
serio. Un último miedo fue rápidamente decapitado, el
acuerdo por unanimidad fue aprobado, la creatividad
será la manera de ir por la vida y jugaremos con nuestras propias reglas, dejaremos de beber lágrimas y nos
fortaleceremos con las adversidades. Cuando la mujer
sagrada empuña su creatividad, los problemas se alqui-
mizan y todo deviene en oportunidades y enseñanzas.

Lo importante es hacer lo que amas con la pasión
respectiva y la entrega que posibilite que te conviertas
en lo que haces. Explora sin temor lo nuevo, ejerce
y desarrolla tu creatividad, recuerda que la creatividad es la capacidad de generar nuevas iniciativas,
es decir, plantearse soluciones originales sin temor

a equivocarte. Recuerda también que para nosotros los problemas no existen, son simples desafíos, oportunidades para aprender y divertirse; en este sentido te propongo evitar la autocensura y toda forma de miedo, evita también la dictadura de la razón, la inhibición, el temor a equivocarte, el miedo al qué dirán y las prohibiciones convencionales; para ser creativos necesitamos ser lo suficientemente atrevidos como para seguir adelante sin que nada nos bloquee.

La creatividad germina en actitudes espontáneas, incluso transgresoras; deja volar tu imaginación, recuerda que una persona creativa es curiosa, atrevida, independiente, flexible, sensible, amiga de la meditación, de la soledad y el silencio. Haz que te gusten los problemas y las sorpresas, recuerda que cuanto más grandes sean los retos, más crecerá tu creatividad. Si es necesario, recupera tu capacidad de asombro. Me gustaría que incluso llegues, al punto de sorprender siendo una mujer sorprendente, convirtiendo a tu creatividad en una actitud ante la vida, por lo que te propongo, apliques esa creatividad en el día a día. No olvides que ella es talento, pero también es semilla que germina y se desarrolla.

Apunta cada idea nueva que te surja, elige en toda situación ser tu misma, es decir, original, auténtica, única, y para ello básicamente precisas ejercer tu libertad, preservar tu motivación; a momentos es mejor estar sola, contigo y en ese contexto generar una lluvia de ideas. Comienza por llevarte bien contigo misma, la idea es que te conviertas en una artista de la vida y que constantemente vayas desarrollando tu mente creativa. En este sentido, te propongo: sueña, relájate, inspírate, que tu estilo de vivir incluya en todo momento disfrutar y pasártelo bien. Confía en ti y en tu capacidad creadora, preserva la curiosidad, explora otras posibilidades, evita la rutina que mata la creatividad y en lo posible rodéate de gente creativa y de personas que te inspiren.

Que tu vida sea creatividad en acción. Esto te llevará a vivir sorprendiéndote, evitando caer en lo que tantas personas no han podido evitar: una vida atrapada en la rutina. Recuerda que cuanto más grande sea el problema, es mayor el desafío para tu creatividad. Asegúrate en principio de relajarte, respirar profundamente, observar cómo estás observando. Ahí te darás cuenta que las cosas no son lo que parecen, que siempre nuestras emociones nos hacen ver lo que queremos o tememos, o simplemente como nos enseñaron a ver e interpretar. Al serenar tu mente y preservar su estado alerta, te habilitas para ver las cosas tal como son, de esa manera podrás tomar la vida como viene, generando en ti una gran capacidad de fluir, esquivando problemas, fortaleciéndote con las adversidades y volviéndote experta en improvisar creativamente. Recuerda que lo importante es estar preparada para todo, y esto incluye además de infinita creatividad, una gran paciencia, porque hay cosas que no dependen de ti.

En la remota prehistoria fue la creatividad humana la que posibilitó nuestra supervivencia ante especies más fuertes o mejor equipadas. En este tiempo necesitamos tanta creatividad como antes, por ello te pido que nunca dejes de ser creativa. Ya sabes que la creatividad es de máxima importancia en la vida diaria y que el proceso de transformación requiere mujeres con capacidad de manejarse bien en las más diversas circunstancias. Esa es la mujer sagrada y su retorno ocurrirá cuando tú lo decidas.

¿Ya empuñaste tu creatividad? ¿Ya recuperaste el sueño, la libertad, la imaginación y el permiso interno para inventarte la vida que anhelas? La existencia declina cuando el déficit de creatividad se hace evidente, las mejillas de la vida se colorean, es el rubor que delata una vida sin sentido ni imaginación. Te propongo, en este sentido, desatar totalmente tu creatividad y que pinte de colores tu paso por la Tierra. Un día tu ausencia estará presente y sólo te traerá hasta aquí el recuerdo que dejaste en forma de ejemplo. Cae la hoja en otoño, se vuelve tierra en invierno, si hubo vida antes de la muerte, que la creatividad sea la manera de peregrinar la evolución consciencial y el placer sea la consecuencia de haber aprendido a vivir vivas, hasta el reencuentro con los antepasados. ¿Comprendes lo importante de vivir con creatividad para reciclar las sorpresas y hacer posible lo imposible? Realmente vivir es algo muy distinto a lo que ocurre cada día en la mayoría de las personas; la vida incluye la magia de la luna y se traduce en el arte de fluir. De esto quiero hablarte a continuación. ❖

FRATERNALMENTE,
Chamalú

carta 26
La magia de la luna y el arte de fluir

ESTIMADA LUNA:

Ayer atravesé un túnel de niebla, era una mezcla de nostalgia y recuerdos del futuro. Me sentí solo en plena multitud, aparecí sobre un peñasco escribiendo grafitis sobre la piel del viento, imprimiendo ideas en las nubes, guardando enseñanzas en fugaces burbujas. Fue un día lento, lleno de humo y de cenizas, con interminables preguntas y numerosas dudas brotando por las grietas de mi presente. Súbitamente retorné a esta realidad, sentí en mis oídos el zumbido de la tormenta reciente, vi de reojo al desaliento mirándome con expectativa, abracé ese momento y decidí continuar adelante. Agradecí la enseñanza, contemplé un pájaro picoteando el semblante de un fruto, concluí que mi bienestar es intransferible, pertenezco a la tribu de los que nunca se dan por vencidos, me recordé a mí mismo y poniendo de pie mi alma retomé la caminata.

La luna fue testigo de esa extraña confluencia que, por un momento, eclipsó mi alegría. Retomado el itinerario, contemplé a la luna menguante despidiéndose de la noche mientras las estrellas parecían luces giratorias, danza de fuego, gotas congeladas de algún volcán invisible. Me gusta la luna que infiltra magia a cada momento de la vida femenina; me encanta la luna llena que se agacha hasta la tierra para besar la piel femenina y derribando cualquier indicio de pudor, le entrega el misterio, la túnica con la que se viste lo mágico y se convierte en mujer.

Sólo precisas salir a la luna cuando ella se llene de luz, vestirte con su misterio, entrecruzarte con otras mujeres y dibujar círculos con los cuerpos, acrecentar la energía con el canto y consagrar el momento mediante la danza, esa poesía escrita con el cuerpo que, con seductores movimientos, esculpe la silueta de lo femenino dinamizando el crecimiento y multiplicando el placer de estar vivas.

Cuando la luna se encuentra con Mama Khocha, el agua fluyendo en su transparencia, la mujer despierta comprende que la vida es movimiento, que despertar significa ir por la vida placentera y descomplicadamente, acariciando los obstáculos y fortaleciéndose con las adversidades. Esa es la ruta de la que vine a hablarte en esta carta.

Cuando hablo del arte de fluir, en realidad estoy aludiendo a la importancia de ir por la vida descomplicadamente. Hemos hablado de planificar la vida, sin embargo, no hay plan, por muy bueno que sea, que se cumpla en su totalidad, por lo que saber improvisar es imprescindible y junto a ello el saber fluir, esto es, tomar la vida como viene usando la emoción adecuada en el momento justo, aprendiendo, siempre aprendiendo de todo lo que nos pase sin dejar de disfrutar, con lo cual la vida deviene en una fiesta de crecimiento y creación. Fluir es jugar con los problemas, es no tomarse nada demasiado en serio, es convertir la vida en una escuela donde absolutamente todo puede ser portador de una enseñanza.

El arte de fluir lo aprendimos del agua, de su capacidad de moverse entre las piedras, de sortear obstáculos, de inventar nuevos caminos, de detenerse pacientemente cuando un dique impide su natural flujo y a continuación inventar una cascada. En este sentido te propongo meditar observando un arroyo o el fluir del agua en el lecho de un río pedregoso. Observa cómo despliega una infinita creatividad que le permite tomar las cosas como vienen, como el marinero que acomoda las velas para que el viento en contra juegue a su favor y en medio de la turbulencia adversa pueda continuar avanzando indetenible el velero de su vida.

Finalmente decirte que fluir a tu propio ritmo puede ser una de las mayores y mejores sensaciones de placer que puedas experimentar. Estar al borde de un abismo, al filo de un acantilado contemplando desde la altura el horizonte que tenemos a nuestros pies, genera un nivel de bienestar totalmente distinto del que podemos sentir en la placidez del jardín de casa. Cuando la vida te lleva a una situación extrema te pone, sin decírtelo, ante la posibilidad de multiplicar tu capacidad de sentirte bien y elevar ese bienestar a niveles de plenitud y éxtasis. Sólo tienes que tener la mente abierta y la disponibilidad suficiente para surfear toda circunstancia y desde ese placer vivir intensamente, continuar aprendiendo y creciendo. Fluir es vibrar a cada momento, sacarle chispas a cada instante, y está al alcance de toda mujer que se atrevió a despertar.

Fluir te conecta a Mama Khocha, el arquetipo simbolizado en el agua, en el mar; sin embargo, la mujer también es movida por Mama Killa, la Luna que mueve océanos y genera mareas moviéndonos a los humanos y, en especial a las mujeres que también son agua, generando turbulencias emocionales que es preciso aprender a controlar al interior de tu itinerario de crecimiento, en esa ruta de aprendizaje que la mujer está invitada a disfrutar.

En este sentido te propongo adscribirte al calendario lunar, reunirte con otras mujeres en círculos y clanes femeninos en las noches de luna llena. Es en esta línea que se van formando las musas en el instructorado que hemos propuesto desde nuestra Escuela de Felicidad. Es necesario que la mujer se reúna en luna llena para tomar baños de luz de luna y de esa manera incrementar su magia y preservar el misterio que envuelve a toda mujer despierta. La mujer sagrada deja huellas cuando quiere y sabe pasar desapercibida cuando es necesario.

El canto y la danza, la palabra sagrada y la mirada amorosa caracterizarán los encuentros de luna llena. Se trata de ir recuperando la magia que la mujer urbana ha perdido, de comenzar a conectar a Mama Killa con la Luna Personal, el ciclo menstrual que tiene en la ovulación la luna llena personal; en la luna nueva el cierre del ciclo lunar y el nacimiento del nuevo ciclo. En creciente la energía de la mujer la vuelca al servicio y la comunicación; en la fase menguante la invita a la interiorización y el silencio. Abordado ceremonialmente este proceso iniciático, la Luna Personal es un momento de renovación energética y en vez de ser un síntoma doloroso o generador de inestabilidad emocional, se convierte en un tiempo sagrado, abordado ceremonialmente, un tiempo en el que la mujer ratifica su itinerario de crecimiento y consagra su evolución al Universo, la gran matriz de la que todos somos parte.

Mama Killa, la luna, es un arquetipo fundamental para la mujer, es la alusión al movimiento continuo, que la mujer debe encarnar en un equilibrio dinámico; es la alusión al devolver la luz que se recibe, al no retener el flujo de la energía y la dinámica del recibir y dar y al vestirse de luz cuando llega la oscuridad de las dificultades. La luna es la que aporta el misterio a la mujer que la hace difícil para ser atrapable o predecible. Es la invitación a brillar ante la oscuridad de la ignorancia y la posibilidad de manejar nuestros estados anímicos alineados en nuestra ruta de aprendizaje. La luna nueva es el amanecer del ciclo lunar, es un buen momento para comenzar, un poco antes es la muerte del ciclo previo, tiempo de evaluación y preparación para el renacimiento en forma de luna nueva de otro ciclo en la espiral evolutiva, pero esta vez con más experiencia.

Antes de concluir esta carta, quiero recordarte que la luna llena y su intenso influjo para quien no está atenta y conectada a este ciclo, será generadora de inestabilidad, accidentes y desequilibrios, los cuales podrán ser evitados conectándonos con Mama Killa de la manera como te hemos propuesto y al interior de una ruta de aprendizaje que te devuelva la posibilidad de sentirte Hija de la Tierra, fluyendo como Mama Khocha y transportando la magia de Mama Killa. ¿Te das cuenta que estamos construyendo la Mujer Sagrada?

Luego de hablar de la luna y antes de terminar, quiero referirme nuevamente a la importancia del fluir. Desde la fundación de tu nuevo amanecer, fluir podría ser tu favorita manera de crecer y vivir. Fluye, sin prisa ni pausa, tu ruta va hacia la vida plena, donde también confluye tu evolución; fluir es la manera, evolucionar es el propósito de la vida; el misterio es la túnica de la sacerdotisa, la que prefiere no dejar huellas para evitar ser atrapable. Fluye descomplicadamente, sabiendo que te respalda el conocimiento, la magia de las abuelas y el perfume de tu propio despertar. En esa ruta también te encontrarás con la felicidad de cuerpo entero. ¿Me permites presentártela en la próxima cita? O

FRATERNALMENTE,
Chamalú

carta 27
Maestría en felicidad

ESTIMADA APRENDIZ:

Me declaro feliz cada día, eso me hace inconfundible; me puse de acuerdo provisionalmente con la vida para no complicarme con ninguno de sus detalles y sorpresas, estoy consciente de mi fugacidad, prefiero el insomnio creativo que la somnolencia recomendada, no me imagino habitando en el infierno de la infelicidad ni mendigando comprensión. Con frecuencia mi felicidad se torna insoportable para los infelices, entonces comprendí que ese no es mi problema, estoy dispuesto a vivir bien hasta las últimas consecuencias. ¿Te das cuenta lo que implica estar provisionalmente en la Tierra?

Persisten las nubes, nunca dije que la felicidad excluía problemas; desde el bienestar elegido podemos reinterpretar la realidad e inaugurar la fiesta de la vida, esta fabulosa aventura que no ofrece garantías, excepto la inseguridad. ¿Te das cuenta que cada día quedan atrás todos los días? ¿Que cuando alguien no se atreve a declararse feliz es indisimulable el olor a podrido que emana? ¿Que no podemos aplazar la fiesta de la evolución consciencial y que la bruma de las dificultades en realidad nos hace fuertes, preparándonos para todo lo que acontezca en nuestra vida?

Le felicidad no se busca, se elige, los miedos se encienden e incendian, las adversidades se reinterpretan, la influencia del entorno se desploma cuando aprendemos a fluir, esa es la ruta que nos lleva hasta el manantial de la plenitud; el cielo te necesita feliz para admitir tu vibración, feliz sin motivo, por el sólo hecho de estar viva. Quienes no entienden esto participarán de una hecatombe existencial, donde nada tiene sentido y el vacío corroe invisiblemente la esencia de la vida.

A esta altura de la carta se me ocurre preguntarte si ya estrenaste tu felicidad, si ya te declaraste feliz. Ya sabes que nadie puede darte felicidad, que ella se autogestiona dentro tuyo, que no hace falta ningún motivo para estar feliz, excepto el darnos cuenta que estamos vivos. Es necesario, para que no quede ninguna duda de la posibilidad de ser felices, redefinir la felicidad y dejar de verla como una meta al final del camino, para considerarla una manera de andar. Descarta también la definición de la felicidad como una emoción, ella es para nosotros un estado de consciencia, un estado del ser. Por ello, la felicidad no es un objetivo, en realidad es un medio para garantizar nuestro propósito existencial y el cumplimiento de nuestra misión en la Tierra.

La felicidad se lleva bien con la sabiduría, esa capacidad de tener consciencia del presente y de nuestro propósito evolutivo; ser feliz es estar bien, en paz contigo misma, atentas, humildes, reverentes, es decir, la felicidad es la verdadera vida. Ella no es un derecho, en realidad es un deber existencial. Admito que me cuesta confiar en la gente que no es feliz, en cambio me encantan las personas que se adelantan a la infelicidad y aquellas que logran una felicidad sustentable, es decir, todo terreno. Adicionalmente, quiero recordarte que la vida armónica es una clave fundamental para la felicidad, que ella está presente después de haberse despertado, es decir, no puede ser feliz la persona que sólo está sobreviviendo, porque la supervivencia no incluye felicidad. Recuerda, la felicidad es posible, pero se construye desde dentro.

¿Sabías que te entrenaron para ser infeliz? ¿Que la epidemia de infelicidad es inducida y fabricada?, porque la gente infeliz es más rentable, compra más lo innecesario, consume más somníferos y antidepresivos, se involucra en más conflictos y todo eso aunque cueste creerlo, es lo que necesita este sistema para mover su economía. Dado que nos entrenaron para ser infelices, a pesar de que nuestra condición natural es la felicidad, es preciso en este tiempo reaprender a ser felices y esto significa observarse, conocerse, aceptarse, amarse, amar la vida y sus sorpresas, de esta manera la felicidad se convierte en el terreno en el que germina la semilla del amor, es decir, no es posible amar antes de haber aprendido a ser feliz. Tampoco la salud será posible si preservamos la infelicidad como nuestra manera de vivir.

Para ser feliz en realidad no hacen falta cosas materiales; los cinco pilares de la vida plena: la felicidad, el amor, la libertad, la paz interior y la salud no pueden comprarse con dinero. La felicidad es importante que se traduzca en una actitud ante la vida, esto equivale a convertir a la oveja primero en la oveja negra y luego en un felino portador del alerta sereno, especializado en atrapar oportunidades y crecer disfrutando con todo lo que le pase. Para declararte feliz sólo hace falta acumular un poco de valor, comprender el propósito existencial y lanzarte a la vida sabiendo que ella es una escuela llena de maestros y enseñanzas. El resto es retomar las riendas de la vida en nuestras manos, adueñarnos de nosotros mismos, vivir con reverencia y gratitud preservando escrupulosamente nuestra libertad y esa consciencia de fugacidad que nos motive a vivir cada día como si fuera el último.

Te sugiero también mantener en buen estado tu capacidad de soñar, hacerte amiga del silencio, vestirte con los hábitos necesarios, acercarte a la naturaleza hasta convertirte en ella cuando sea necesario, el resto será construir la mejor versión de ti misma sin complejos ni temores, elaborando esa guerrera imperturbable capaz de vivir bien en las más diversas circunstancias. Conocerte a ti misma garantiza la preservación de tu felicidad, de esa manera podrás gobernar tus energías, intenciones, emociones y manejar con impecabilidad tus relaciones. A veces quizás sea necesario descivilizarse un poco y comenzar a participar del juego de la vida, jugando con tus propias reglas, de la mano de la creatividad que puedas desplegar y de la infaltable pasión que encienda el fuego de tu vida, al mismo tiempo que el desapego, imprescindible capacidad para continuar avanzando indetenibles, al tiempo de ir disfrutando de la escuela de la vida y dejando a nuestro paso por ella huellas inspiradoras, que den ejemplo a los demás de que la vida comienza con una felicidad a prueba de todo.

Por ahora quiero despedirme con una advertencia: "imprescindible ser feliz", sólo está en buenas manos la mujer que decidió ser feliz. La vida existe desde que te declaras feliz, el resto son los senderos necrófilos donde la infelicidad está de moda, la depresión recomendada, los manicomios listos para recibir nuevos infelices anónimos y la muerte en vida manipulando pilotos automáticos, programados para aparentar existencias que en realidad hace tiempo dejaron de existir. Urgente ser feliz, porque la felicidad tiene ventanas al cielo y la vibración que se habla en todo el Universo. El Amor, la sexualidad sagrada y la nueva pareja serán los próximos temas que traje para compartir contigo. ¿Continuamos? ✛

FRATERNALMENTE,
Chamalú

carta 28
Amor y sexualidad sagrada

ESTIMADA BUSCADORA:

Espera un momento, ocurre que mi corazón estaba en el suelo, precisaba levantarlo antes de referirme al amor. Hablemos sin censura ni temor a ser malinterpretados: el amor conyugal no existe, fue inventado en los últimos tiempos para aderezar acuerdos o legitimar convivencias recomendables por razones reproductivas. Tampoco es recomendable confundir amor con enamoramiento; el primero es un nivel vibratorio, mientras que el último es tsunami hormonal pasajero. No permitas que tu vida se extravíe por este elemental detalle existencial; el Amor existe, pero no se reduce a intentos nupciales ni posee intención conyugal. El amor es una comarca mágica donde las vibraciones luminosas pintan de colores incluso la noche.

El amor germina en el terreno de la felicidad, crece entre la tierra y el cielo, y carece de condiciones. La sexualidad, que también nos ocupa en esta carta, es una elegante energía sagrada, que se activa en la mente y se somatiza convirtiendo al cuerpo en volcán de sensaciones, puentes multidimensionales que compartidos con la persona de vibración adecuada, pueden convertirse en experiencias extáticas, ruta paralela, de la misma espiritualidad. Quiero hablarte un poco más de este tema, sin embargo, es necesario que acudas a este cita desnuda de prejuicios, con la mente abierta y el corazón disponible, respirando los átomos de la libertad, escrutando el misterio con los ojos de la inocencia y el fervor de quien no está dispuesta a privarse de nada bueno.

Comencemos definiendo al amor como un estado de consciencia y al amar como un estilo de vida, de esa manera podemos redefinir al amor como el combustible de la vida, como la vibración precisa para conectarnos con el orden cósmico; en lo práctico el amor se traduce en servicio incondicional, en solidaridad y reciprocidad. Quiero decirte, al hablar del amor en esta carta, que sólo si amas puedes ser totalmente libre, porque el amor es la garantía; ama la vida y sus sorpresas, ámate a ti y a los demás, entonces descubrirás que la vida es maravillosa y que lo que importa en ella es tu capacidad de dar. Da siempre lo mejor de ti, eso es amar; cuando compartas, comparte totalmente. Quiero recordarte que también es fundamental en la vida hacer lo que amas, de esa manera puedes volverte incansable, ya que no estarás gastando tu energía porque permanecerás conectada al wifi cósmico, esa cantera donde abunda la energía reservada para quienes vibran desde el amor.

Recuerda que tu primer amor tiene que ser a la vida, que el amor es poderosamente revolucionario y que es la única venganza recomendable. Quiero recordarte también, que para recibir amor hay que darlo previamente, que es bueno para empezar amarte a ti misma, que el verdadero curriculum es tu calidad vibratoria y que es más recomendable concentrarse en dar que en recibir. ¿Sabías que cuanto más crezcas, más podrás dar? Adicionalmente se me ocurre preguntarte, ¿cuántas veces no dijiste te amo? ¿Qué te hace pensar la frase: "amo, luego existo"?

A continuación quiero referirme a la sexualidad sagrada. La sexualidad no depende de los genitales, tampoco es bueno confundir sexualidad con reproducción, que en el humano, a diferencia de las demás especies, circula por caminos diferentes. Disponemos de una inteligencia sexual que nos permite darnos cuenta de la profundidad y la importancia de esta energía expresada a nivel corporal en la capacidad de sentir placer. ¿Es que acaso el clítoris es un error de la naturaleza?, ¿más aún ahora que se sabe que no es parte del aparato reproductor y que sólo sirve como fuente de placer?

Es necesario atreverse a hablar de la sexualidad con naturalidad, explorar nuestros cuerpos en un contexto de profundo amor y reverencia hacia ellos. Es importante alfabetizarse en materia sexual, poder diferenciar por ejemplo orgasmo de eyaculación masculina y aprender a manejar el fuego que significa esta energía. ¿Sabías que el placer sexual es terapéutico, es decir, necesario para preservar la salud física y emocional? ¿Sabías que el orgasmo en realidad es autogenerado y que no es necesario para la reproducción? ¿Sabías que existe un erotismo sagrado, es decir, que hay una profunda relación entre erotismo y autoconocimiento, y que el placer sexual puede tener una connotación mística y emocional? ¿Que el erotismo femenino reprimido, en un contexto de puritanismo, termina siendo patológico? ¿Que la moral convencional y toda la hipocresía que lo rodea son en el fondo una cárcel invisible que aún intenta condenar a la mujer a fines meramente reproductivos? ¿Que la sexualidad anulada por ablación o anorgasmia inducida es un atentado contra la feminidad, dado que la sexualidad natural es una vía de autoconocimiento?

Es necesario hacer dialogar a la naturaleza, es decir, a la biología con la cultura, las creencias y los valores con los que funcionamos, añadir a ello lo espiritual y con todos ellos ir diseñando nuestro estilo de vida, sin descartar que el humano, en especial la mujer, es potencialmente apto para el placer. La sexualidad es el arte del deleite con fines internos y externos, y puede traducirse en el arte de vivir eróticamente cada región de tu cuerpo y cada posibilidad de tu mente, que también podría ser considerada un órgano sexual. En este sentido te propongo explorar y descubrir tu propio erotismo, recuperar si es posible esa tradición ancestral de la iniciación sexual que te permita ir abordando ceremonialmente el manejo de la sagrada energía sexual, a partir del cuerpo convertido en altar. En este contexto, resituada esta energía, es posible convertir el denominado hacer el amor en una meditación donde cada uno se convierta para el otro en una puerta dimensional que le permita sumergirse en el océano del éxtasis, convirtiendo la meditación en un ritual a partir del cual el manejo energético multidimensional se convierta en una forma más de ir posibilitando el cumplimiento de nuestra misión, es decir, de la evolución que explica nuestro paso por la Tierra.

El resto es simplemente unir lo interno con lo externo, dejarse embrujar por la magia del misterio, deletrear gemidos, esculpir placeres, eludir las trampas del miedo, abrazar una espiritualidad mundana militando en cada latido del amor esa vibración que nos conecta al corazón del cielo. Si afinas el instrumento musical de tu cuerpo, ahí hay un sitio para ti, reclamando tu armónica presencia.

Continuando este itinerario, te propongo explorar otros modelos de convivencia, donde podamos estar juntos para crecer. ¿Es posible rediseñar una pareja inteligente y espiritual? Este tema, es el motivo de la próxima carta, sólo tienes que continuar presente en esta ruta de aprendizaje. ❖

FRATERNALMENTE,
Chamalú

carta 29
La nueva pareja

ESTIMADA APRENDIZ:

Nuestro país es el Universo, nuestro idioma el amor, esa vibración que nos conecta de corazón a corazón. Hay resonancia cuando la música convierte nuestras voces en dúos o coros afines, es la celebración de la vida, huracán de pétalos, lluvia de colores. Despertar es amanecer a otro tiempo, extender el silencio como una alfombra mágica y decodificar sus elocuentes enseñanzas.

El amor, el amor con mayúscula, el amor incondicional, es el único recurso legitimador de la convivencia de dos personas. Ninguna mujer vino a la tierra por razones conyugales o reproductivas, ninguna necesita de otro para ser feliz. La felicidad es condición natural, sólo precisamos recordar lo que sabíamos cuando éramos bebés; el amor es un estado de consciencia que requiere la felicidad previa. Necesitamos a otro, un compañero o compañera, para compartir la felicidad que tenemos, para volar en la misma dirección pero cada uno con sus propias alas. Sin embargo, volar en soledad no sólo es posible, muchas veces es recomendable para levantar vuelos más altos y dinamizar nuestro crecimiento.

Acércate al campo energético del otro cuando hayas aprendido a no depender de nadie; sin embargo, acércate a su ausencia, acaricia la huella dejada, agradece el haberse marchado cuando el apego o la dependencia intente germinar en tu conexión, recuerda que la vida es movimiento. Sólo estás incompleta cuando permaneces dormida, para completarte necesitas despertar y palpitar tu crecimiento. Si quieres hacerlo sola, en hora buena; si deseas acompañarte en tu viaje, elige a quien tenga alas y que esté dispuesto a volar en la misma dirección.

Está claro que el amor conyugal es ficción destinada a subordinar a la mujer a un modelo civilizatorio que la prefiere relegada a labores secundarias. No todas las mujeres están predestinadas a la maternidad o al matrimonio; es probable que no más de un tercio de la población femenina pueda alcanzar niveles de bienestar al interior de una relación conyugal, que la mantenga junto a su esposo hasta que la muerte los separe. Otro porcentaje similar, requerirá experimentar la vida en pareja durante una o dos etapas de su vida y, luego, recuperada la independencia, continuar su crecimiento sin nadie a quien pedir permiso o explicar lo que su alma le pide.

Otro tercio de las mujeres no necesitarán en absoluto la experiencia conyugal. Esta situación tiene que ver con su historia personal, con la historia ligada a otras encarnaciones previas, por ejemplo, haber sido monje en un riguroso monasterio o simplemente por la personalidad y educación que recibieron en la actualidad. Cuando las mujeres de este segmento intentan vivir en pareja, quizá presionadas por el entorno social y familiar, la experiencia resulta un total fracaso, con independencia de si el compañero era buena persona.

Recordemos que el matrimonio surge en la remota antigüedad, a partir de la venta de esclavas o prisioneras de guerra, en un contexto de propiedad privada. Es importante comprender que el concepto de amor romántico-conyugal fue construido como instrumento de manipulación para preservar el poder del hombre y subordinar a la mujer, situación que nos invita a redefinir el amor conyugal eliminando esa relación de sumisión-manipulación, que en el contexto patriarcal se presenta como normal. No se trata de tener miedo o evitar el compromiso, lo que proponemos es repensar y redefinir el tema, en un tiempo en el que el matrimonio convencional ha pasado a ser un juego perverso.

Si se marcha tu esposo, en vez de reclamarle o llorar, quizá tengas que agradecerle; no todos tienen la lucidez como para dar ese paso. ¿Me dejó o se fue? Observa como en el lenguaje de la víctima prevalece: "él me dejó", cuando en verdad simplemente se fue, dejándote la maravillosa oportunidad de redescubrir la soledad como un tiempo-espacio para despertar, un escenario precioso en el que la oruga se convierte en mariposa. Te propongo también que estés alerta para identificar oportunamente cualquier relación toxica, así como el mínimo vestigio de apego y simultáneamente comprender que ser soltera no es estar sola. Soltera equivale a libre por decisión propia. Asegúrate que esto quede claro: ser soltera, no significa estar buscando pareja.

Hay mujeres que sueñan toda su vida con la boda que tendrán y se pasan años ahorrando para ello, hasta que tiempo después el divorcio, la infelicidad o la insatisfacción las despiertan, entonces por fin se dan cuenta que amar no es enamorarse, que el enamoramiento era sólo un tsunami hormonal de fugaz duración, que el amor tiene que ver con la consciencia, con un estilo y proyecto de vida, donde el crecimiento y el disfrute están garantizados, que sólo de esa manera podría durar toda la vida.

La mujer tiene el exclusivo poder y el derecho de elegir permanecer sola o estar acompañada, la manera de manejar su energía sexual y la decisión de tener hijos. No estar casada, como te dije antes, no equivale a estar buscando pareja. Recuerda que nuestros remotos antepasados fueron toda su vida solteros o experimentaron otras modalidades de convivencia en las cuales el matrimonio, como conocemos ahora, no era necesario, más aún, en su perfil obligatorio vinculado al pecado del adulterio y con características monógamas. Es probable que estemos presenciando la extinción de matrimonio convencional monógamo, por sus elevados niveles de fracaso y el carácter antinatural del mismo. ¿Qué postura tomar al respecto? Esta es una cuestión íntima, que las leyes no deben gobernar sino la consciencia, el código ético y nuestro camino de crecimiento.

Elegir pareja requiere mucho tiempo y previamente conocerse a uno mismo, saber manejar las emociones, poder expresar lo que realmente buscamos, ser feliz de antemano y la seguridad de querer compartir nuestra vida con alguien. Si decides dar este paso, de todas maneras preserva tu círculo personal; pon, a la hora de establecer el acuerdo con quien elegiste compartir tu vida, tu zona sagrada como un aspecto no negociable y al cual no estás dispuesta a renunciar. Se trata de que cada uno aporte su felicidad, que cada uno vuele con sus alas y en la misma dirección. Se trata de establecer un acuerdo en el cual remarquemos que seremos fieles a nuestra consciencia y a la zona sagrada que tenemos, y leales respecto al acuerdo establecido. La lealtad es imprescindible, en un contexto de coherencia, así como una profunda honestidad, que de entrada elimine cualquier tendencia a la doble moral y tantas variantes frecuentes en este tiempo.

Los acuerdos serán renovables, es decir, si vamos a participar de una historia conyugal, seamos capaces de construir un matrimonio inteligente, con acuerdos claros y objetivos definidos, donde la zona sagrada sea mutuamente respetada y se comparta la vida mientras el amor los una, único elemento legitimador de la convivencia. La pasión podrá estar presente en la medida en que el apego esté ausente. Una relación conyugal soñadora y al mismo tiempo realista, sin príncipes ni sapos y con un crecimiento personal ininterrumpido.

Si te declaraste feliz, si estás construyendo una guerrera en ti y decides acompañar tu itinerario vivencial, busca una persona que también sea previamente feliz, un guerrero que vestido con alas esté dispuesto a volar en la misma dirección, y establece con él un pacto temporal, pero renovable, una historia compartida en la que ambos se alimenten mutuamente respetando la libertad de cada uno y aprendiendo unos de otros. Se trata también de tener establecido lo que corresponde hacer en caso que el amor se agote, o que simplemente nuestra historia evolutiva se enfoque en otra dirección, entonces es importante tener la capacidad como pareja, y antes de que se agote el amor, de acordar una separación festiva y quedar como buenos amigos.

En el mundo animal generalmente el macho domina a la hembra; el detalle es que los humanos ya no somos animales. Si al leer esta carta te das cuenta de que tomaste una mala decisión y que eres parte de una relación que no funciona, recuerda el refrán que dice: más vale sola que mal acompañada, y a continuación cánsate, ojalá de manera fulminante, de lo que no funciona. Tú sabes, no hay tiempo para perder.

Tener pareja no es imprescindible. Sin embargo, si tu corazón anhela caminar acompañado, educa a tu compañero para comprender tu proceso, para no interferir tu crecimiento y respetar tu libertad. Si estás en condiciones de elegir, busca por afinidad vibratoria, asegúrate que sea buena madera, que se deje esculpir, que tenga el valor de patear el machismo y estremecerse contigo en un atardecer cualquiera. Cultiva las semillas de su sensibilidad en el jardín de su corazón y que sepa amontonar sueños y no detenerse ante la dificultad; que sus manos transporten caricias y su código comience con la honestidad.

La nueva pareja es compañerismo supremo y libertad compartida, es caminata conjunta respetando el ritmo de cada uno, es paciencia inacabable y creativa consistencia, es consciencia de finitud; saber que esto, por muy hermoso que sea, un día concluirá. Es saber de antemano que llegará el momento de separar nuestros horizontes, antes que el amor caduque y los sueños migren a otras estaciones. Es tener la capacidad disfrutar de todo y celebrar incluso de la separación cuando ella sea inevitable, invitar a los amigos al igual que en una boda, para despedirse festivamente. Cada uno por separado, podrá celebrar adicionalmente la despedida de casada, fiesta que da la bienvenida a otra etapa de la vida. La nueva pareja es posible, como también que uses un vestuario de luz y que te vistas con alas, porque la vida siempre da nuevas oportunidades, en especial cuando las ganas de vivir, pase lo que pase, permanecen intactas. Permíteme, a continuación, referirme a otra manera de educar a los hijos, para que la felicidad sea su condición natural. ✦

FRATERNALMENTE,
Chamalú

carta 30
Cómo educar hijos felices

ESTIMADA BUSCADORA:

El tema de la maternidad me intriga y obsesiona. Antes de hablar de la educación de los hijos es inevitable aludir a esto que parece un designio inevitable. Es en esa perspectiva que muchas mujeres se desposan para permanecer, a continuación, cobijadas en la tutela masculina y enmarcadas en la legalidad que autoriza el uso de la energía sexual al interior del contrato matrimonial, situación que, adicionalmente, incluye la casi propiedad de la mujer, en calidad de objeto del esposo al cual fue entregada.

Más allá de la legalidad, que en este caso no interesa, es necesario considerar la total ausencia de belleza en actos que atentan contra la naturaleza. El humano natural es por esencia libre. El trabajo interior ahonda esa característica y en su itinerario de crecimiento reintegra al humano a la naturaleza. Toda decisión reproductiva, más allá de inexistentes vínculos afectivos, en el contexto distorsionado de la pareja convencional pertenece a la exclusiva decisión de la mujer. Ella, en la intimidad de su consciencia, es la única que puede tomar la decisión de ser madre.

En este sentido, es prudente desechar otros comentarios, porque la maternidad es parte de un proceso iniciático que comienza con la preparación de la concepción, con la reintegración de la mujer con la madre y luego con el hijo; esto sólo puede ocurrir, si previamente se ha forjado un ámbito sagrado, con la intersección de dos historias evolutivas que de manera convergente deciden de manera consciente y voluntaria, apelar a la energía creadora de la mujer para exaltar la vida y, luego de purificarse y consagrar la decisión, convocar la llegada de un nuevo ser. Será la mujer, y sólo ella, quien diga la ultima palabra y la decisión definitiva. Sólo entonces el fuego de la magia encenderá la vida, el vehículo comenzará a prepararse y la mujer, en ritual purificador, vivirá este momento como un peregrinaje supremo. La decisión de la maternidad, insisto, sólo puede ser de ella, porque él es apenas un aporte microscópico y una difusa presencia, muchas veces, prematuramente vestida de ausencia.

El resto, educar hijos felices, es cincelar la energía de ellos con la inspiración del buen ejemplo, del gesto coherente y la mirada amorosa, la palabra justa en el momento preciso, cultivando su espíritu crítico y enviándoles al mundo con una suficiente carga de rebeldía, para que el oleaje de las circunstancias no castigue con lamentables errores la ingenuidad inicial con que comienzan la vida las nuevas generaciones.

¿Qué futuro quieres dejar a tus hijos?, sin olvidar que tus hijos no son tus hijos; ¿qué estás dispuesta a hacer para que ellos puedan habitar un planeta y un modelo de sociedad mejor que el que te tocó vivir? En principio asegúrate de darles buen ejemplo; que te vean moviéndote en un contexto de coherencia creciente. Contarles cuentos es otra manera excelente de educarles, así como viajar con ellos, irte de camping, evitando el error de darles todo o de resolver sus problemas. No intentes hacerte amiga de ellos, ya tienen amigos de su edad, preserva la autoridad y el respeto en un contexto de ternura y creatividad.

A medida que crecen asegúrate de que tengan desafíos que estimulen su inteligencia; que desde pequeños aprendan a fabricar sus juguetes, a inventar sus propios juegos. Enséñales también a renunciar desde pequeños, de esta manera se estarán vacunando contra el apego y la dependencia que los hace débiles y vulnerables, situación imperdonable en un mundo como este.

Es importante saber caminar junto a ellos. Enséñales a aprender de todo y de todos y, simultáneamente, desarrolla su pensamiento crítico. Que cuestionen la realidad y a sus profesores, que sepan escuchar y expresar lo que sienten. Ayúdales a generarse una buena autoestima hablándoles de forma motivadora, nutriendo la confianza en ellos mismos, educándoles para su realización personal. Es importante que desde pequeños sepan el valor real de las cosas y del dinero, que sepan lo que no puede comprar el dinero. Plantéales desafíos adecuados a su edad en la perspectiva de ir preparándoles para ser todoterreno. Enséñales a tus hijas a atreverse, a confiar en sí mismas, a ser prudentes pero no permitir que ningún miedo les paralice. Es importante también que aprendan a fluir, a no complicarse, a resolver sus problemas, a correr riesgos lúcidamente y a no temer el fracaso.

No es bueno educar a nuestros hijos como si quisiéramos que ellos sean perfectos, sólo apunta a que aprendan a hacer bien las cosas, que amen la calidad, que sepan desde pequeños que el éxito es consecuencia de imperfección más perseverancia y creatividad. Cuando habitan la infancia, es importante que tengan mucho tiempo para jugar. Recuerda que en la especie humana los hijos maduran de manera extrauterina. Es como que somos, por razones anatómico fisiológicas, partos prematuros, que necesitamos continuar desarrollándonos; primero, durmiendo y, luego, jugando, como una manera de continuar nuestro proceso de maduración cerebral y neuronal. Por ello no es recomendable enviar a los niños desde muy temprano a la escuela.

Evita la higiene excesiva, el inyectarles miedos, el que te vean siempre preocupada, o con excesiva precaución. No contamines su presente con miedo ni con malos ejemplos. Recuerda que los niños sólo viven el presente y al jugar, en realidad no están jugando, están meditando y madurando. Por ello, una buena educación apunta a volverlos atrevidos, creativos, valientes, sensibles, sin practicar el error de educar a partir de roles de géneros. Es bueno que niñas y niños sepan hacer un poco de todo. Jugar en la infancia es la preparación integral para después de adultos resolver los problemas que inevitablemente surgirán; educar a los hijos para que sean felices comienza con el ejemplo y volviéndolos guerreras y guerreros, preparados para convivir con la incertidumbre y entrenados para el asombro y la sorpresa, para el disfrute y el aprendizaje permanente. Entonces su felicidad estará blindada y el caos del entorno no podrá infiltrarse en su mágico mundo interior.

Ahora que sabes que tus hijos no son tus hijos, que estás en conocimiento del mundo y sus encantadores sinsentidos, ahora que estás informada que no nacemos humanos, que precisamos formarnos para humanizarnos, es necesario repensar la educación que les damos, no es suficiente enviarles a la escuela con puntualidad, ellos precisan prepararse para la vida, desarrollar competencias existenciales, como te expresé en una carta anterior, convertirse en todoterreno, totalmente capacitados para vivir bien pase lo que pase y pese a quien le pese.

Cuando abordamos el tema educativo, aquí no hay donde perderse; necesitamos artistas vivenciales, jóvenes que confíen en sí mismos y tengan capacidad de autogobierno, jóvenes artistas que sepan hacer de su vida su mejor obra de arte. La felicidad permanente es posible pero hace falta iniciarse en ella, conectarse con el orden cósmico, reafirmar el trabajo interior, retomar la vida en nuestras manos y, desde el ejemplo, inspirar a las nuevas generaciones. ¿Te suena utópico? Así comenzaron las mejores revoluciones existenciales; podrías comenzar haciendo germinar la dimensión ética y estética de tu vida, en ese contexto emergerá la poesía que pintará belleza a lo largo y ancho de tu vida, ello será suficiente para convertirte a ti misma en una escuela itinerante, que le recuerde a las nuevas generaciones que la vida comienza cuando nos declaramos felices. La mujer mas fuerte e inspiradora es aquella que soportando la incomprensión insiste en dar buen ejemplo. Ahí se esconde la buena educación y es ésta, y no las escuelas, la que construirá hijos felices, no aptos para la infelicidad.

Te invito a continuación a dialogar sobre el confidencial tema de la menopausia, eso que la mujer despierta llama plenopausia y que en el fondo, es el escenario maravilloso para pasar a otro nivel consciencial. Encontrémonos en la próxima carta. ☆

FRATERNALMENTE,
Chamalú

carta 31
¿Menopausia o plenopausia?

ESTIMADA BUSCADORA:

Toda mujer es una MUSA, esto es: una SANADORA, su presencia es terapéutica después de haberse despertado; SACERDOTIZA, ceremoniante del ritual de la vida plena; SABIA, porque lo que no sabe desde la razón, lo siente o lo presiente; y SALVAJE, porque no permitió que clausuraran su espontaneidad ni mutilaran su autenticidad. Cuando la mujer aprende a vivir oportunamente, vivirá con lucidez cada estación de su vida, vivirá presente en su presente, consciente de su libertad y su fugacidad que le hará vivir con la intensidad existencial indispensable para sacarle chispas a la vida. Esa mujer llegará al otoño de su vida con la energía plena y el conocimiento fresco, con la ternura actualizada y la mirada profunda. Su cuerpo acumulará tantos buenos recuerdos…, su experiencia convertirá en elocuente su silencio; la intuición que experimenta, poseerá el perfume de haber vivido tantas lunas, tantos amaneceres, tantas noches estrelladas, tantas vidas destruidas.

Algunas la llaman menopausia, para nosotros es la última libertad femenina, es cuando puede renacer su erotismo libre de temores añejos; la maternidad será un lejano e imposible detalle, lo real ahora es el tamaño de las alas y el alcance de una poderosa visión, nutrida por la experiencia de toda una vida bien vivida. Podrán llamarlo como quieran, para nosotros, es el amanecer de una maravillosa etapa, donde se mezcla la otra juventud con la libertad responsable, mientras las campanas de la experiencia tañen incesantes; aquí no hay ruinas ni remordimiento, aquí la fiesta ha comenzado de otra manera y la libertad ha salpicado a todas partes, aquí ya no hay tiempo para pedir permiso ni preocupación por el que dirán. ¿Sabías que el otoño puede ser la etapa más hermosa de tu vida?

En lo biológico hay síntomas indisimulables, como la cesación de la capacidad reproductiva, lo cual no afecta la sexualidad, al contrario, se abren las puertas de otra libertad una vez que el embarazo dejó de ser una espada de Damocles amenazando invisiblemente el manejo de la energía sexual. Se podría decir que a partir de esta etapa los límites son otros abriéndose la posibilidad de disfrutar aún más la vida. Hay culturas en las cuales la menopausia es celebrada como el inicio de una etapa en la cual la mujer conserva el fuego y al mismo tiempo posee la experiencia de haber vivido muchas lunas. Esta etapa no tiene que ser en absoluto como una patología, por tanto, no requiere tratamiento alguno.

Descarta los fármacos e incrementa el placer, reinterpreta los síntomas y olvida la edad que tienes. Por supuesto que es importante cuidar la salud, así como evitar hasta el mínimo remordimiento. Cuida tu dieta, realiza el ejercicio adecuado a tu estilo de vida, y fundamentalmente libérate de toda atadura. Disfrutar es parte de una actitud ante la vida, la cual, en esta etapa tiene que dar un significativo giro; perder la fertilidad es ganar libertad. En el fondo la menopausia es un regalo que debe de ser vivido con características iniciáticas y ceremoniales. Es una especie de perder para ganar, perder fertilidad para ganar disfrute agarrando un nuevo impulso vivencial que le permita a la mujer desplegar otra mirada hacia la vida, tomar la circunstancia fisiológica en sus manos evitando dejar esta decisión al médico y tener más tiempo para ella misma. Ahora más que nunca se podría decir que tú eres tu prioridad, por lo que el amor a ti misma y el cuidado de tu cuerpo pasan a ser una prioridad.

Es importante también cortar con el pasado, reconocer que estás transitando una nueva etapa en tu vida, inaugurada por esa transición llamada menopausia en la cual te despediste del ciclo menstrual para dar paso al climaterio, que es la etapa que comienza con ella. Informarse profundamente de este proceso fisiológico es necesario, de manera que puedas vivirlo con la lucidez y serenidad que requiere cada transición vivencial. Cuando observes síntomas preocupantes como un sangrado, puede ser necesario un chequeo médico. El resto de los síntomas pueden ser controlados con medicinas naturales y homeopatía. Es importante que te informes, que indagues otras interpretaciones sobre la terapia hormonal, ya que en algunos casos, este procedimiento podría incrementar el riesgo de cáncer a nivel de útero, ovario o senos, así como generar trastornos circulatorios y cerebrales.

Aceptar cada etapa en la que nos encontramos es la decisión más inteligente que la mujer puede adoptar. Refúgiate en un riguroso trabajo interior que te permita, desde adentro, sofocar algunos síntomas típicos de toda transición. En algunos casos, quizás en la mayoría, será necesario consumir más calcio para evitar la osteoporosis. Asesórate de la situación vitamínica y mineralógica que toda mujer requiere saber a esta edad. Efectúa diagnósticos periódicos para detectar carencias al respeto; es un tiempo para caminar con más frecuencia que antes, para practicar natación, para danzar y de manera especial para hacer lo que amas.

Es importante saber que el apetito sexual no depende sólo de las hormonas, sino también de la actitud con la que vamos por la vida, de la manera como interpretamos nuestro pasado, de la pareja, de las creencias que tenemos y de la propia forma de abordar esta etapa. Menopausia no tiene que ser vivida como un duelo, sino como una renuncia festiva que convierte a la potencial madre en una amante de la vida, en una artista, abuela, educadora, que se conecta con el ciclo de Mama Killa. Por supuesto que para llegar a este punto hace falta cuestionar y, mejor aún, rechazar las creencias convencionales, discrepar con la mentalidad patriarcal y machista, cuidar el nivel de tu autoestima y reinterpretar el hecho de que la cesación de la función reproductiva en el fondo, es una buena noticia.

La vida de la mujer es cíclica, circular, es decir, que en esta etapa su Universo interno se está reorganizando, acompañándola a otro nivel; una etapa en la cual pueda disfrutar la madurez con libertad. La mujer a esta edad no perdió nada, ganó mucho, porque la menopausia es el pasaporte a la libertad, la posibilidad que despierta una feminidad poderosa, incluso peligrosa para el hombre dormido. Menopausia es tiempo de purificación y servicio, de disfrute y sanación, es un tiempo para volver a soñar y con más fuerza, para darse luz a si misma, a una nueva etapa. En caso de que estés sola, en realidad estás contigo iniciando un viaje distinto y con la posibilidad real de, por fin, hacer lo que amas.

Es importante cuidar tu circulación, previene la debilidad ósea, hidrata bien tu cuerpo; dada la tendencia a engordar, asesórate para tener un buen plan de ejercicios y una vida activa o hazte amiga del gimnasio, sin olvidar que es tu cuerpo el que marcará los límites de diversas actividades físicas, muy importantes en esta etapa de la vida.

Finalmente, decirte: atrévete a vivir con sabiduría y libertad, recuerda fortalecer tu autoestima, intensificar tu autoconocimiento, prevalecer tu zona sagrada. Si esta es la época en la que abundan los divorcios, en el fondo estos reflejan la sed de liberarse que tiene la mujer a esta edad, lo que hace que sea una de las etapas más interesantes de la vida, un momento para reencontrarse con el cuerpo y con la vida en su versión plena.

Las arrugas son los detalles que el tiempo esculpe en quienes ya caminan hace muchas lunas sobre la Tierra, los cabellos nevados son la huella de un tiempo desteñido que nos habla de amaneceres distantes y noches con telarañas. No, no es la agonía de la vida, es la preparación para la nueva etapa, es la germinación de las semillas de nostalgia, es la gestación del recuerdo y la preparación para la ausencia que nos grita en silencio VIVE, porque aún posees un cuerpo que siente, que vibra y disfruta aquello que tus creencias le permiten.

Este secreto anhelaba transmitirte: la vida, cuanto más tiempo pasa, más nos recuerda que aún estamos vivos. Al terminar esta carta, cierra el libro y comienza a hacer algo que amas, mejor si es aquello que estremece tu alma y hace vibrar tu cuerpo. Después de ello, y no antes, puedes pasar a la siguiente carta, donde hablaremos de la libertad y las claves para dejarla en libertad. ☆

FRATERNALMENTE,
Chamalú

carta 32
El camino a la libertad

ESTIMADA GUERRERA:

Es temprano, es tarde, es otro día, es tu vida y su libre albedrío; más que un derecho, ser tu misma, es un deber existencial. Para ello, un requisito indispensable, haber aprendido a usar tu autonomía, con la gallardía de quien sabe que sin libertad, la autenticidad estará ensombrecida, reducida a espasmos eventuales, insuficientes para recuperar a la mujer sagrada.

Ocurre que el camino a la libertad pasa por la preservación de la capacidad de ser tu misma. A esta altura de la vida, ya no importa todo lo que te pasó ni el sufrimiento experimentado; envuelve todo eso en el manto de la reinterpretación y lánzalo al viento, aquí la miseria no es bienvenida, ni la culpa, ni el remordimiento. Para la mujer sagrada el infierno es la infelicidad y ese nefasto camino incluye la pérdida de la libertad. No necesitas tantas cosas ni te hace falta cultivar miedos, eres libre, itinerante, tu alma posee alas y tu inocencia sabe llorar de alegría. Cuanto más crezcas, más libre te sentirás, de eso se trata; crecer es liberarse, es derretir rigideces y ahuyentar temores, es atreverse y rebelarse e ir por la vida con, cada vez, menos necesidades. Mantén tus pupilas abiertas, tu fuego encendido, tu libertad intacta, las estrellas de tu noche emitiendo ráfagas luminosas; recuerda que naciste mujer, libre y con todo lo necesario para cumplir tu misión, que no hay látigo que doblegue a tu espíritu, ni amenaza que te impida volar. Eres libre, lo entiendan o no los que te conocen, el tabú en el caso de la mujer sagrada ha caducado.

¿Te imaginas adicta a la libertad? Esa podría ser una adicción recomendable, al igual que a la felicidad. Ya sabes que habitas un mundo que nos ofrece por todos lados, incluso gratis, mutilar nuestra libertad y encadenar nuestro espíritu indómito; sabes también que puedes desatar mareas emocionales si aprendes a controlar el descontrol y manejar todo el proceso generando resultados que te lleven al crecimiento continuo. Es inútil perder energía en todo aquello que nos sugiere la sociedad; te propongo, en nuestra ruta de aprendizaje, desatar completamente tu libertad, dejarte llevar por tu espontaneidad, eres libre y ello te autoriza borrar límites innecesarios y patear todas las prohibiciones que atentan contra tu crecimiento. Desata completamente tu libertad y que trepe hasta la azotea de las mejores prohibiciones; sólo debes conservar, en este proceso, el perfume de tu autenticidad, el aroma de una libertad que prefiere la precipitación de la espontaneidad y el vuelo de tu libertad, que la resignación de quien acepta ser una más del montón.

El ser la única especie libre sobre la tierra nos otorga un privilegio especial y, simultáneamente, la responsabilidad de no hacer mal uso de nuestra libertad. Si queremos ampliarla, comencemos a reducir nuestras necesidades, recuerda, cuanto menos necesites, más libre serás. Recuerda también que la mujer dormida es víctima de su libertad; la vida es un *buffet*, mira atentamente lo que eliges y la cantidad precisa, excederse es indicio de vulnerabilidad e inseguridad. En ese sentido, te propongo comenzar a despedirte de todo lo que no necesitas, ya sabes que ninguna adicción es recomendable; ten cuidado en este tiempo, mira cómo las nuevas generaciones se están volviendo adictas a la tecnología mientras muchos adultos permanecen adictos al trabajo y muchas mujeres generan dependencia emocional, que les impide ser felices, sin estar acompañada, soportando para ello incluso malos tratos y conductas agresivas de sus compañeros.

Sabes también que no existe un destino, una ruta predeterminada, que disponemos de un libre albedrío que nos habilita para elegir. Vivir es elegir, el resto, es vivir los efectos colaterales de cada elección, por ello, uno de los más importantes aprendizajes es el de tomar buenas decisiones, al final, nuestra vida sólo es la consecuencia de las opciones que tomamos a lo largo de toda nuestra existencia.

El libre albedrío nos da la posibilidad de elegir cómo queremos vivir, más aún ahora que ya sabes que no nacemos humanos, que ni siquiera naciste mujer, que lo femenino es mucho más que la mera anatomía y fisiología. En esta ruta de crecimiento y aprendizaje, identifica bien lo que necesitas y aquello que no te hace falta. Toda mujer que está despertando precisa tiempo para ella, el aprendizaje de las competencias existenciales que le harán falta, crecer a su manera, vivir como ella ha elegido y disfrutar de una soberanía existencial a su estilo.

De esa manera, tu libertad será preservada y tu vida se convertirá en una danza de oportunidades y posibilidades. Si ya tienes claro qué cosas quieres vivir, el resto es prepararse en esa dirección, cuidando de no reducir tu libertad, aprendiendo lo que te hace falta, comprando estrictamente lo necesario, preservando tu autenticidad como la clave para Ser: tú misma. No permitas que te atrapen en ninguna de las variantes contemporáneas que esclavizan a las personas que no están alertas como felinos.

Tus límites los marcas tú al igual que tus prioridades. ¿Estás viviendo como tú elegiste vivir? No es suficiente haber salido de la rutina, rómpela para que nunca más ella se camufle con tu vida, recuerda que quien no conquista su libertad, nunca podrá ser ella misma. De manera especial, te pido no te preocupes por la opinión pública, más aún si estás en crecimiento; asume la responsabilidad de ser tú misma, recuerda, eres especial, única y para que esto aflore con naturalidad, encarna desde ahora tu autenticidad.

Vivir equivale a navegar, cada uno en su canoa, cada vez más lejos de la seguridad de la orilla. Habrán olas y sorpresas, vientos a favor y en contra; si estás preparada para tomar las riendas de tu vida, en un contexto de libertad, sólo tienes que atreverte a ser tú misma, prepararte en la dirección elegida y disfrutar de todo el proceso.

La mujer despierta, renunció a buscar la aprobación de los demás, a los miedos, a la soberbia, a perder tiempo, a la infelicidad y a todo lo que debe renunciar por higiene vibratoria; ella tiene claro que nunca más intentará ser otra, entonces, estará en condiciones de provocarse la vida que anhela tener. Mujer, a ti quiero preguntarte: ¿ya levantas vuelo? Es lo mínimo que puedes hacer, ahora que descubriste que la libertad no es un derecho, es un deber sagrado; nada más asegúrate, al comenzar este maravilloso viaje, que la luz que encontraste te ilumine, pero que no te encandile.

Vuela con fervor luminoso, con la pasión de quien sabe que cada día es el último; exprímele el jugo a cada instante, saca enseñanzas de todo lo que te pase, desparrama huellas de buen ejemplo allá donde vayas, eres pantera, viento, semilla en crecimiento, sólo precisas saber girar la ruleta del tiempo desde tu percepción cíclica de la vida y volver a embriagarte con la magia de la primera vez. Eres libre, eso te hace invencible e impredecible; cuando a tu paso te encuentres con un muro, haz un subterráneo, perfora el muro o atraviésala por arriba, mas no detengas tus pasos. La mujer despierta es coronada con la luminosa libertad para volverse sagrada y, desde entonces, desafiar todas las prohibiciones. ¿Comprendes el tamaño de tu libertad?, no importa si tu razón no alcanza a comprenderlo todo, con que te atrevas a vivir tu libertad es suficiente. Hablando de libertad, el cuerpo también quiere tomar la palabra y expresar en su lenguaje lo que trae para ti. En la próxima carta, el cuerpo tomará la palabra. ✪

FRATERNALMENTE,
Chamalú

carta 33
El cuerpo y su lenguaje

ESTIMADA APRENDIZ:

La experiencia humana en su quehacer evolutivo, por muy espiritual que sea, incluye al cuerpo y su lenguaje. En este sentido, vine a pedirte que la espuma de la vida convencional no te haga perder de vista el cuerpo que te prestaron para navegar en este plano. Es tu altar, tu zona sagrada, es el vivero de tus más profundas intenciones, la montaña donde reverberan tus emociones; es el manantial que arrasa con sensaciones y la primera víctima al somatizar tus desequilibrios vibratorios. ¿Sabes cuánto debes a tu cuerpo? ¿Eres consciente de cuántos placeres puedes tejer en la playa de tu corporalidad? ¿Y cuánta pasión creativa puede sostener? ¿Sabes que el cuerpo habla con el movimiento, que la danza espontánea es su lenguaje predilecto, que lo salvaje anida en todo cuerpo libre, que puedes hablar danzando hasta de lo inefable?

Quiero recordarte también que puedes danzar lo prohibido, combatir el monopolio de la razón con éxito, atravesar las prohibiciones, danzar lo imposible, cerrar los ojos y dar la palabra al cuerpo y permitir que lo invisible, abrazado de lo visible, entre a la vida y disipe la niebla de temores y prejuicios, permitiendo que el cuerpo acuda y aluda a sus secretos, permitiendo que el alma se exprese a través del movimiento. Quiero recordarte que el cuerpo libre irradia, que habla de la inmensidad de la vida y de la imposibilidad de continuar reprimiéndolo; aquí no hay más secretos, dejemos que el cuerpo, tome la palabra.

En este sentido te propongo que trabajes tu transparencia corporal y que tu cuerpo exprese lo mismo que tus palabras y éstas reflejen tus intenciones y las emociones debidamente canalizadas, todo alineado coherentemente en la misma perspectiva. Comprender el lenguaje corporal significa estar atenta a tu postura, al movimiento de tus manos y controlar todo movimiento, en un contexto de espontaneidad e inocencia lúcida. Recuerda que la manera como manejas tu cuerpo habla de la confianza que te tienes, de la actitud con la que vas por la vida, del estado anímico que posees en ese momento, de la seguridad y naturalidad con la que actúas.

El control de tu cuerpo, la manera como lo manejas, dice mucho de ti; así como la ropa que eliges para vestirte, el contacto visual que realizas o evitas, la sonrisa, en fin, simplemente no olvides que estás hablando todo el tiempo, incluso, cuando estás en silencio.

¿Sabías que los bebés muchas veces lloran pidiendo caricias? El contacto es imprescindible, abrazar es fundamental para preservar el equilibrio psicofísico, las caricias son nutrición para el alma que recibe el cuerpo y agradece el espíritu. Para evitar malos entendidos puedes usar la terminología neutra de lo terapéutico: masaje relajante, toque terapéutico, reflexología, danza-contacto, etc., son caricias, nutrición energética que precisamos con urgencia, al interior de un proceso de reunir cuerpo-mente y espíritu en un estilo de vida que posea el paradigma adecuado, en el cual sea posible manejarnos de manera indivisible, integral y libre.

El resto es simplemente elegir tu particular estilo de vivir, de relacionarte y manejar tu vestuario, tu imagen, tus relaciones, consciente que eres parte del Universo, que estás aquí con motivos evolutivos, que además participas de un grupo social con el cual debes aprender a interactuar sin despersonalizarte ni permitir que te impongan modas y gustos ajenos a tu propio despertar. ¿Quieres llamar la atención? Debes saber hacerlo artísticamente; ¿quieres pasar desapercibida? También tendrás que ser una artista.

Adicionalmente, requerirás elegir cómo quieres que te vean quienes te conocen en esta etapa de tu vida, eso que se llama posicionamiento, que no es otra cosa que la idea que los demás se hacen de ti. Esto es relativamente importante para mantener un contexto de confianza con quienes quieres cultivar esta característica; para el resto, indiferencia amorosa e imperturbabilidad, tú sabes quién eres y qué elegiste hacer en esta vida, adelante, no precisas pedir permiso a nadie para ello. Simplemente recuerda, la coherencia es cantera del poder, presérvala a todo nivel y asegúrate que estás viviendo como elegiste; el resto, deja que tu sonrisa maneje la situación imprevista y que todo tu cuerpo diga lo mismo que tu palabra.

Conocerse es un requisito para aprender a vivir, conocerse es desarrollar la sensibilidad hasta reaprender el idioma que habla el cuerpo y decodificar sus mensajes. Desdichado el cuerpo desnutrido de caricias. ¿Te imaginas cuánto amor, cuánto placer, cuánta felicidad cave en tu cuerpo? ¿Sabías que además de LO VISIBLE, DISPONEMOS DE OTROS CUERPOS NO VISIBLES OCULARMENTE, pero igual de reales como el que vemos? Sucede que si aprendes a usar tu cuerpo en la línea del aprendizaje propuesto, sintonizarás otro tiempo, otras posibilidades, constatando desde otro paradigma que no eran piedras, se trataba de diamantes invitándote a la fiesta multidimensional que tiene al cuerpo como su puerta de entrada. Si avanzamos un paso más en la dirección mencionada, nos encontraremos con el hedonismo místico, en ese puerto te espero en la próxima carta. ✮

FRATERNALMENTE,
Chamalú

carta 34
Hedonismo místico

ESTIMADA BUSCADORA:

No eres una persona cualquiera ni estás en la Tierra como consecuencia de la travesura de tus padres. Hoy es..., cualquier día, no importa, sigue siendo la vida. Quiero que regreses a ti, a tu taller de alquimia donde se recicla el entorno y se convierte en aprendizaje y, en muchos casos, en placer. No es preciso saber muchas cosas, es necesario dejar que el volcán aflore y, a continuación, direccionar los deseos, dejándolos en el armario a los insaciables. La mujer al despertar precisa actualizar sus disfrutes a tiempo de cambiar de paradigma, en el nuestro funciona el: "disfruto, luego existo". Aquí no hay culpa ni remordimiento, no hay miedo ni prejuicio, abunda la inocencia y el juego multidimensional que presiente la brevedad de esta existencia. Imagínate estar condenada a disfrutar, a apropiarte del placer y acampar en el campo abierto del hedonismo, convocar personalmente a Dionisio para que inaugure la fiesta de la vida. ¿Sabías que el éxtasis es un idioma minoritariamente hablado, reservado para mujeres intransigentes, dispuestas reconstruir sus vidas desde el perfume del placer?

En este sentido te propongo ampliar tu capacidad de sentir placer, de disfrutar de todo lo que te pase, en especial de las cosas pequeñas que tienden a descuidarse. Aprende a disfrutar incluso las cosas que no salen bien, pues incluyen de todas maneras una enseñanza. Encuentra placer también en las cosas cotidianas, en aquello que ocurre todos los días. ¿Sabías que si disfrutas enfermarás menos, que el déficit de placer y disfrute nos prepara para diversos trastornos psicofísicos? Un detalle adicional: el placer está en los detalles.

A partir de tu estilo de vida y tu actitud has que tu cerebro libere dopamina, endorfinas y todo aquello que incrementará tus sensaciones placenteras. Si es necesario, regálate algunos incentivos existenciales, dándote tiempo para hacer lo que más amas y aquello que más placer te genera. Vivir, además de crecer y evolucionar, significa también descubrir todos los placeres posibles, por ejemplo, el placer de renunciar que significa tomar el camino de la liberación. Lo que realices, que tenga la calidad que te permita disfrutar de todo el proceso, es decir, que la primera recompensa por hacer algo será siempre el placer de haberlo hecho. Recuerda que la vida es tan corta que sólo alcanza para disfrutar y crecer. Quien no disfruta, creo que aún no está vivo.

Habitamos un tiempo y un modelo de sociedad saturado de infelicidad y paradójicamente lleno de drogadictos. Personas de diferentes edades son arrastradas por adicciones a las más diversas drogas, ignorando que en el fondo drogarse es la búsqueda equivocada del mismo imprescindible placer del que te hablamos, búsqueda, sin embargo, errónea porque toda adicción en el fondo es un camino al infierno.

Descartado todo estímulo e inducción destinado a generar alegrías artificiales y placeres sintéticos, se trata de ir tomándose en serio el humor, comenzando por admitir que podemos disfrutar la vida, que de alguna manera todo lo que ves y todo lo que te ocurre es para aprender y esto incluye el placer. Es decir, no disfrutar la vida equivale a malgastarla, porque ésta sólo alcanza en su inevitable finitud para aprender y disfrutar. Disfruta y aprende mientras estés viva.

Cuanto más acceso tengas al placer, mejor. Usa todos los sentidos para disfrutar; cuando comas, que alimentarse sea un ritual placentero y cuando tu olfato identifique algún aroma, envuélvete en ese perfume y visita olfativamente el paraíso; que tus ojos, a través de las formas y colores, te regalen circunstancias intensamente placentera; que tu capacidad auditiva convierta todos los estímulos sonoros en una placentera sinfonía, intercalada con el terapéutico silencio; que el sentido del tacto te permita acariciar la piel del éxtasis y encontrarte de cuerpo entero con la plenitud; que tu imaginación se apunte a la fiesta existencial que incluye tantas formas de disfrutar. Recuerda además que si te entregas a lo que haces el placer es inevitable.

Y no te olvides experimentar y descubrir que dar, compartir, también es un placer. Y no me refiero sólo a cosas materiales, dar afecto, dar tu tiempo, tu comprensión, hasta una mirada amorosa puede ser inmensamente placentera, al interior de un estilo de vida que te lleve a estar donde continúes creciendo y disfrutando. Para ser feliz, ya lo sabes, casi nada es necesario, sólo darse cuenta de que estás viva, entonces, el placer será el combustible de la felicidad. La vida es una experiencia evolutiva que en su proceso nos da permiso para disfrutar de todo el itinerario. La mujer despierta sabe que la vida adquiere sentido cuando al profundizarla descubrimos el hilo evolutivo y convertido en estilo de vida comenzamos a disfrutarla. La mujer sagrada sabe que tiene derecho y, simultáneamente, el deber de disfrutar la vida, que el placer es suyo.

Somos tiempo, trapos de proteína hilvanados con hilos de eternidad, al final quedaran los hilos para nuevos tejidos, el resto se remite al presente, donde sólo cuentan los placeres que somos capaces de erigir. Es peligrosa la excesiva prudencia, no se trata de evitar lo malo sino explorar el misterio, palpar el cuerpo, inhalar el aroma del disfrute en cada átomo respirado, beber completamente la copa de cada instante, desplazarse incluso por territorios prohibidos recordando que la vida comienza cuando uno se atreve, entonces, resucita la eternidad en cada momento, la plenitud se hace cargo del presente y el cuerpo toma nota del incidente, llegando al punto de caminar, dando cada paso por el placer de darlo.

En ese iniciático proceso, el amor será el centinela que garantice el nivel vibratorio elegido. Quizá sólo se trate de declararse amante de la vida, disfrutadora empedernida, adicta al bienestar lúcido, habitante de la ceremonia festiva de cada día, donde disfrutar y evolucionar se vuelvan sinónimos y seamos capaces de revivir con naturalidad sensaciones oceánicas que nos hablan de la unidad en la diversidad y de remolinos energéticos, vórtices de energía multicolor que nos permitan cultivar paraísos interiores con total impunidad, viviendo con avasalladora decisión.

Elegiste nacer mujer, el siguiente paso es encarnar la plenitud mientras evolucionas y, para comenzar, besar a la vida en la boca, porque tu mejor verdad es tu propio despertar y la capacidad de disfrutar de todo el itinerario vivencial. Desde la eternidad de la vida, pasemos a referirnos a nuestra fugacidad con la pregunta: ¿existirá la muerte? Hablemos del tema en la próxima carta. ✱

FRATERNALMENTE,
Chamalú

carta 35

¿Existe la muerte?: Consciencia de fugacidad

ESTIMADA BUSCADORA:

Percibo el misterio, presiento vigilias azules, difusas sombras, preguntas abstractas con respuestas inconclusas, lloviznas de nostalgias, mariposas color noche iniciando vuelo sin retorno. ¿Quiénes fuimos cuando habitábamos la tierra? ¿Qué huellas dejamos más allá de la bruma de una presencia ausente? ¿Quién fui cuando fui? Obviamente no fui un nombre ni una profesión, quizá silencio y manos ocupadas, pupilas con pestañas, rituales cotidianos. Entonces no tenía claro que un día el fuego sería apagado.

Desde ese día, ya no ofrezco sonrisas ni prometo abrir los parpados al amanecer; queda el lamento, en algunos la angustia, el vuelo mortal es en solitario, la tristeza es la atmosfera que sobrevuelo; al fondo, un océano de misterio poblando el horizonte que me espera. Desconozco el destino. Las cuerdas del tiempo vibran diferente, carezco de piel y mis contornos se insinúan indefinibles, un recuerdo, lejano y vehemente, al final también queda deformado, quizá la vida fue un sueño, un impredecible camino para que la evolución ocurra, quizá la muerte, es sólo el amanecer de otro día, el nacimiento a otra vida; quizá la muerte no exista y la nostalgia sólo sea el perfume de esa anunciada ausencia que todos preferimos olvidar.

Quien tiene miedo a la muerte es probable que aún no conozca la vida. Tener miedo de morir casi siempre significa no haber vivido, o haber vivido en vano, situación característica de quienes no se atrevieron a vivir. En realidad, la vida no debería contarse en años, porque sólo vivimos momentos, ya que ésta es la fisiología del presente y a partir de ella es importante aprender a prestar atención a los instantes, precisamente porque estos son pasajeros. Es un error no darle importancia a lo fugaz, pues es lo que más requiere de nuestras atención, dado su carácter efímero. Recuerda que la vida cabe en un momento, es decir, perder un momento es perder la vida por un momento.

Con frecuencia me preguntan si hay vida después de la muerte y con frecuencia les respondo preguntando si hay vida antes de la muerte. Es probable que en sentido estricto la muerte ni siquiera exista, porque la vida no comienza con la concepción ni termina cuando devolvemos el vehículo corporal para que sea trasladado al cementerio en un ataúd.

Vivir en realidad es un privilegio. Habitamos en la orilla de la eternidad, lo cierto es que ignoramos lo que nos espera. La vida es una caminata entre dos eternidades, vestidos de fugacidad y con intención evolucionaria. Si no encontraste sentido a tu vida ni motivos para vivir, ya comenzaste a morir; debería darle vergüenza a la gente haber vivido en vano. Hay gente que por su actitud ante sí misma, antes los demás y ante la naturaleza, por su denso nivel vibratorio, cuando muera, habría que enviarle en vez del cementerio, al basurero.

No esperes vivir en el más allá, la vida ocurre aquí y ahora. Lo que venga después es desconocido y, en verdad, ni siquiera importa, porque ello será consecuencia de lo que hemos sembrado en esta vida; simplemente recuerda que vivir es vivir bien y que esto es una invitación a aprender el arte de vivir, sin olvidar el carácter efímero de la vida. Derrochar el tiempo es uno de los peores errores, así como aburrirse en una vida tan corta. En este sentido, te propongo vivir cada día como si fuera el último, porque cada día en verdad es por última vez, más aún cuando nadie sabe cuál será su último día. Lo importante es ser conscientes que estamos vivos y en este sentido manejar nuestro tiempo y decisiones con lucidez, tener en todo momento presente que estamos de paso, que hay prioridades, que debemos aprender a evitar a los ladrones del tiempo y hacer todo lo que es posible hacer hoy, para no arrepentirnos mañana.

El reloj marca el tiempo que pasa, tú marcas la vida que saboreas. ¿Estás conscientes que más allá de ti, tus huellas permanecerán hablando de lo que hiciste? ¿Comprendes que el legado que dejes enorgullecerá o avergonzará a tus hijos y nietos? Recuerda que al vivir estás escribiendo el testimonio que leerán tus descendientes. Deja huellas deslumbrantes, deja huellas de luz.

Vivir despiertos es hacer algo por los demás. No sólo pienses en ti, de esa manera cuando tu cuerpo ya no esté presente, tu recuerdo no será enterrado. Si bien la muerte es la misma para todos, la vida de cada uno puede ser tan diferente... Esto es importante comprenderlo oportunamente, porque de esta manera podrás descubrir que el paraíso estaba aquí y que la muerte en realidad no existe. No quiero que un día la muerte me diga que no he vivido, tampoco deseo que esto te ocurra a ti, por ello, te propongo asegúrate de que tu vida esté llena de vida y que ese día en que la muerte se acuerde de ti, al ir a buscarte te encuentre tan viva, que hasta se desanime de llevarte.

Escribir sobre este tema siempre me genera una especial sensación, sin embargo, no quise evitar referirme a él en esta colección de cartas. En este sentido te propongo, desclava los últimos temores que queden, enciende el incienso del misterio, acepta tu finitud, coexiste con el misterio y que crujan los miedos antes de marcharse definitivamente. Si estás leyendo esta carta, aún tienes minutos para continuar vibrando apacible y decidida, con la alegría erguida de quien se sabe viva y la pasión sepultando cualquier indecisión. Las dudas son control de calidad existencial, debemos abordarlas sobre la marcha, sin detener el paso; la inquebrantable voluntad es imprescindible, porfiado el optimismo, hasta graduarse de entusiasmo y juntos amar la vida y sus sorpresas.

Lo más probable es que la muerte ni siquiera exista, es decir, podemos amarnos en paz mientras evoluciona nuestra consciencia y en tanto no arribe el crepúsculo de nuestra existencia. Un día, la eternidad será restituida, el vacío será el cauce de ese camino sin regreso, la nostalgia será el aroma que retendrán las huellas, expuestas al viento del olvido y su desafiante desgaste. La muerte no existe, por lo menos, según Epicuro, no existe mientras estamos vivos y cuando llega, ya no estamos. Continuemos compartiendo estas cartas, ahora que aún es posible conmovernos. ✳

FRATERNALMENTE,
Chamalú

carta 36
Aprender a no enfermarse

ESTIMADA APRENDIZ:

La salud es el idioma que hablan las constelaciones de células que constituyen el cuerpo. No es un acontecimiento exclusivamente corporal, su equilibrio está invisiblemente tejido a niveles sutiles. Son estos cuerpos también parte de nosotros, además de una instancia mental y emocional conectada a una dimensión social y ecológica, constituyendo al cuerpo en un tejido que se prolonga hasta lo invisible.

El cuerpo sano desconfía de lo sintético, quizá sospecha la venganza del efecto colateral de aquello que se presenta como saludable pero termina enturbiando su equilibrio, alterando la natural sinfonía que supone estar sano. La salud es amiga de la felicidad, se siente protegida por la vibración amorosa y confía en la lucidez de quien sabrá tomar la decisión adecuada. Los excesos y las carencias son hostiles a ella, lo sintético genera tempestad en nuestro cuerpo, la comida rápida lentamente lo deja compungido; el carecer de cultura preventiva lo entristece, se podría decir que presiente que quien no aprendió a vivir maltratará su salud, dejando al sistema inmunológico a la deriva y a la vitalidad debilitada, por un lúgubre estilo de vivir que no considera prioritaria la vida.

La salud para nosotros es funcionamiento armónico a nivel mental, emocional, físico, social, ecológico, además de la dimensión espiritual. Uno de los síntomas fundamentales de la salud es la felicidad, traducida en una forma de vivir conectada con el crecimiento permanente a nivel consciencial. En lo concreto, es importante que toda mujer aprenda a no enfermarse, esto significa saber desintoxicarse oportunamente y, antes de ello, evitar los alimentos anti saludables, todo aquello que requiere conservantes, saborizantes y colorantes, además de garantizar de manera constante un contacto profundo con la naturaleza.

También es importante evitar el uso de fármacos, los cuales deberán estar reservados de manera exclusiva para situaciones de auténtica urgencia, cuando la vida corre peligro. Es necesario evitar también bebidas que no sean naturales, vacunas, incluso preparados dietéticos y suplementos nutricionales que no estén garantizados, además de posibilitarse una vida lo más natural posible con hábitos saludables y creencias liberadoras; recuerda que la felicidad es la mejor vacuna contra todas las enfermedades.

Es importante mirar de manera autocrítica la manera en que vivimos, mantener en buen nivel nuestra calidad inmunológica, acostarse y levantarse temprano, sin olvidar que madrugar es ir con el ritmo natural. Recomiendo también hidratarte de manera permanente, complementando, si quieres tener una piel saludable, con aceite de coco natural y prensado en frío, aplicado externamente. Recuerda que todo lo que se pone en la piel pasa a tu sangre, por lo que es preferible evitar productos químicos cuya composición siempre será sospechosa. Bebe abundante agua, por momentos respira conscientemente, ama y disfruta tu cuerpo. Vivir de manera natural y lleno de alegría es la mejor manera de mantenerse sano, incluso ello actúa como terapia rejuvenecedora. No olvides que la juventud, que tanto anhela la mujer, va por dentro y se traduce en una actitud ante la vida.

Hablando de la alimentación, es necesario saber que la mejor dieta es aquella que responde a tus necesidades de manera completa. Ese menú personalizado, tendrás que aprender a elaborarlo tú misma, y revisarlo periódicamente, supervisándolo de manera permanente, al interior de una cultura de prevención y, de esta manera, anticiparte a cualquier desenlace patológico. Es posible vivir bien y llena de salud en las diferentes estaciones de la vida, tener una juventud llena de vitalidad, una época adulta libre de dolencias y arribar a la tercera edad con el cuerpo capaz de continuar otorgándonos la calidad de vida elegida. Es importante que en tu sistema de creencias no pienses que la vejez es sinónimo de enfermedad.

Por otro lado, es importante admitir que muchas mujeres viven con un permanente temor a contraer el cáncer. Este no es más que el síntoma de no haber aprendido a vivir, de no haber aprendido a comer ni beber lo que el cuerpo necesita, de no haber aprendido a manejar las relaciones en un contexto de armonía y felicidad. Te sugiero descartar esa recomendación oficial de someterse a chequeos diagnósticos de manera anual para ver si ya tienes cáncer o aún no. Esto nos parece absolutamente inaceptable, porque predispone a la persona a que viva atemorizada, susceptible y hasta predispuesta a fabricar este problema, más aún, sabiendo que somos seres psicosomáticos y que podemos fabricar o empeorar una dolencia a partir de las creencias, intenciones o temores que tengamos. Es importante saber que cáncer no es sinónimo de muerte, cáncer para nosotros significa borrón y cuenta nueva, y esa contundente llamada de atención de que no podemos continuar viviendo de esa manera. En este sentido conviene preguntarse si había vida antes del cáncer y ver a este proceso como la oportunidad, si antes no lo hicimos, de decirle sí a la vida y comenzar a aprender ese sagrado arte.

Evitar el cáncer es totalmente posible, sólo consiste en conservar una dieta natural y una felicidad permanente; evita las semillas transgénicas y todo alimento elaborado, eligiendo en su reemplazo alimentos orgánicos y preferentemente de la zona en la que vives. Realiza la actividad física adecuada a tu edad para garantizar la oxigenación celular, descarta el azúcar, los enlatados y las gaseosas evitando acidificar tu cuerpo, proveyéndote en este sentido de la cantidad suficiente de alimentos crudos. Consume hortalizas, verduras, hojas verdes, germinados y de manera complementaria algunos cereales, menos el trigo, todos los tubérculos y las frutas de la estación y época. Puedes complementar con extractos de guanábana, té verde, chocolate negro, aceite de orégano y todos los anti inflamatorios naturales, tratando de garantizar para ti un estilo de vida donde la vida y la felicidad sean lo más importante. Es necesario también evitar el sobrepeso, el sedentarismo, los pensamientos negativos, las relaciones tóxicas, los trabajos antisaludables y lugares contaminados, incluyendo esa invisible contaminación electromagnética, vanguardizada por el teléfono celular.

Si periódicamente te desintoxicas, por ejemplo con un día de ayuno ingiriendo sólo agua, mantendrás un bajo nivel de toxemia, situación óptima para una salud duradera. Adicionalmente, consume aloe vera y todos aquellos alimentos con perfil anticancerígeno, además de estimular tu inmunología y llevar una vida activa y de servicio, tu salud estará garantizada y habrás cerrado las puertas al cáncer. Es el estilo de vida es la alegría de vivir, es el llevar adelante una existencia con sentido lo que garantiza nuestra salud y nos permite disfrutar la vida mientras nuestra consciencia crece y nuestra misión se cumple.

Nada compensa la irresponsabilidad de haber perdido la salud. De nada sirve el dinero acumulado y la fama obtenida; vivir corriendo, descuidando la salud, arruga el alma y germina el sufrimiento, espanta la felicidad y rasga el rostro del bienestar. Urgente aprender a vivir y, al interior de ello, conocer el sagrado arte de mantenerse sano. Mientras el mundo corre rumbo al abismo de la enfermedad, la gente se agolpa en quirófanos y se fideliza a las multinacionales farmacéuticas; te propongo encender el fuego de tu vitalidad, incrementar tu inmunología, descargar toda emoción negativa y comprometerte a no generarla de nuevo.

Mantener la salud requiere habilitarse para conocer el cuerpo y sus requerimientos, comprender ese sutil artesanato donde se teja la forma de pensar con el cuerpo, las emociones y su manejo con las relaciones, y todas con la manera de conectarnos con la Madre Tierra; todo ello alineado en una ruta de crecimiento traducido en un estilo de vida saludable y ecológico. De esta manera evitarás que tus células se amotinen en intentos degenerativos, preservando el reinado de tu equilibrio dinámico llamado salud, sin que ningún fármaco sea necesario y con la alegría de constatar que la salud puede acompañarnos mientras estemos con vida; simplemente aclimatando nuestra forma de vivir a cada estación vivencial. Es posible aprender a no enfermarse, envejecer sanas y disfrutando la vida, convertidas en devotas del bienestar y destilando el perfume de la salud.

Acompáñame a continuación a descubrir el apasionante mundo de los viajes, al interior de ese otro viaje llamado vida. ✱

FRATERNALMENTE,
Chamalú

carta 37
Un viaje inolvidable y transformador

ESTIMADA VIAJERA:

La vida es un viaje con intención evolutiva, viajamos de la cuna a la tumba, y en el ínterin se encuentran los viajes interiores necesarios para garantizar el autoconocimiento y la comprensión de la evolución en la cual nos encontramos. Quiero compartir en esta carta que viví viajando, sobrevolé en mi adolescencia una crisis existencial que estuvo a punto de realizar un aterrizaje de emergencia en el manicomio. En mi infancia viaje de casa a la montaña vecina, a los ríos que merodeaban cerca; a mis 20 años me subí por primera vez a un avión, ya había dado para entonces algunas conferencias desde los 15 años. Buenos Aires fue mi primer destino, ahí descubrí que la gente vive para trabajar, que tiene el tiempo extraviado en una ciudad que te roba dos o más horas por día para llegar al trabajo; constaté también que sus prioridades están invertidas. Vivir para trabajar y con el salario obtenido comprar lo innecesario es devaluar la vida hasta convertirla en algo desechable.

Gradualmente los países vecinos recibieron mis huellas. Posteriormente, Londres fue mi primer anfitrión en otro continente, un Boeing 747 de la British Airways, de dos pisos por delante, fue mi primera nave transatlántica. Desperté aterrizando, atravesé los controles migratorios con una agradable embriaguez, constaté que allá todo circula al revés. Bruselas fue un ejemplo de indiferencia, Paris, más allá de su aura romántica, me mostró un sindicato de gente triste y depresiva; recordé entonces a Río de Janeiro, su alegría sensual y esa capacidad celebratoria del carioca, capaz de danzar hasta su eventual tristeza. Las pirámides mayas sembradas en la Ribera mexicana y la selva guatemalteca abrieron un espacio de reflexión que se llenó de preguntas, presentándome una sorprendente sabiduría ancestral. Al norte de África, en el desierto egipcio, otras pirámides me hablaron de tiempos lejanos, del culto a la muerte y de una espectacular arquitectura faraónica.

Alaska me recibió con una fiesta de cascadas y flores. Comenzaba el verano y el sol se ocupaba de convertir la nieve en juguetonas caídas de agua, liberando terapéutica belleza en su despedida de la fría primavera; fue inevitable aparecer en las Torres del Paine, esa confluencia de seductoras montañas con inocentes ríos, fotogénicos lagos, imponentes cóndores y pumas camuflados de tierra. El sur de Chile resulta inolvidable y altamente estético. Y del sur sudamericano aparecí en los mágicos paisajes de Nueva Zelanda y esa capacidad de hacernos imaginar que son parte de otro planeta. A continuación, mi memoria apareció en Tahití, esa isla donde el placer es un estilo de vida y el déficit de disfrute generador de enfermedad.

La vida es un viaje, un peregrinar aprendiendo y fortaleciéndose, te lo digo después de viajar ininterrumpidamente 40 años. Se trata de viajar como aprendiz, como buscadores de ese conocimiento con el cual construiremos lo mejor de nuestra vida. Aman, es la ciudad blanca de Jordania, allá se encuentra Petra, una ciudadela de piedra que alberga uno de los templos más antiguos y misteriosos del mundo. Quebec, en el este canadiense, me recibió en un gigantesco hotel, un palacio de otros tiempos, mientras que en Tailandia, decidí aprender masaje tailandés en el templo Wat Pho, en Bangkok, allí late la espiritualidad en forma de un budismo descomplicado. Estambul es la única ciudad en el mundo dividida en dos continentes, allá es posible vivir en Europa y trabajar en Asia y volver a dormir a casa cada noche.

Manhattan, en Nueva York, es una isla que en tiempos coloniales fue comprada por una compañía holandesa a los indígenas que allí vivían por 24 dólares. Dinero es lo que sobra en el mercado de oro en Dubái, donde un collar puede costar tanto como una mansión. En Beijing el antiguo palacio denominado La Ciudad Prohibida posee más de mil habitaciones, tantas como concubinas tenía el Emperador de entonces; por razones de seguridad, nadie sabía dónde dormía cada noche. Esa seguridad que tímidamente regresa a las carretas colombianas y sus espectaculares paisajes, la misma seguridad inexistente en las ciudades mexicanas, fronterizas con Norteamérica, donde cada vez pasan menos inmigrantes y más drogas. Si se trata de violencia, Siria es testigo de la inutilidad de la guerra; tan inútil como mirarse amenazadoramente en la frontera entre las dos Coreas, allí se conmovió mi corazón al contemplar el absurdo humano y la peligrosidad del fundamentalismo, entronizado en dinastía.

Australia me recibió con sus exóticos canguros, Budapest con sus baños medicinales, el Tíbet con sus interminables meditaciones, caminando alrededor de sus ocupados templos, aún existen lugares donde los vecinos, visitan en tanques y se quedan con lo que encuentran. A momentos, me veo siendo expulsado del Líbano por no cumplir requisitos migratorios recientemente implementados. ¿Cuánto tiempo más durarán las fronteras que despedazan al mundo? Las cobras de Marrakech me miraron hipnóticamente cuando alguien las puso delante mío, a pocos centímetros, mientras llegaba la propina; Sudáfrica podría ganar el campeonato de inseguridad, allá es posible salir a dar un paseo y regresar al hotel sin ganas de volver a salir jamás. En Israel te controlan hasta los empastes dentales, mientras que en Senegal la pobreza es amenizada por las ganas de danzar.

Venecia continúa navegando en el mediterráneo; Sedona, en Arizona, se niega a dejar de ser un espectacular cañón; Bahamas parece estar en venta, al otro lado; Indonesia es, en el fondo, una constelación de miles de islas, mayoritariamente despobladas. Recuerdo Katmandú, ciudad empotrada en el Himalaya, allí sentí tanto frío, como en el desierto del salar de Uyuni, en el altiplano sur de Bolivia.

La vida es un viaje evolutivo, multidimensional, un peregrinaje que nos lleva de retorno a casa. La vida es un viaje que comienza para adentro y se prolonga hasta donde uno se atreva. No se trata de hacer muchos kilómetros sino de apasionarse por las sorpresas y mantener en buen estado físico la capacidad de asombro; entonces cada día será una nueva microencarnación, cada instante una enseñanza, cada lugar una escuela, cada circunstancia una oportunidad para crecer y disfrutar. La vida es un viaje, una invitación a conocernos para transformarnos y, de esa manera, recuperar la inocencia, el alerta sereno y la magia indispensable para preservar la fiesta evolutiva y permitir que nuestra consciencia complete su propósito existencial, ese por el cual, realizó una escala técnica en el planeta Tierra.

Al promediar el otoño de mi vida, presiento que se acerca la conclusión de tanto viaje. Mantendré con rigurosidad los viajes interiores, los otros aviones incluidos continuarán volando en mis recuerdos, allá donde no existen aduanas ni turbulencias. Me gustó vivir viajando y me encanta vivir cosechando los frutos de las semillas recolectadas a lo largo y ancho de una parcela de vida, recorrida con fervor y saboreada con la intensidad de quien sabe que cada día es único y para siempre. Al tiempo de terminar esta carta, quiero motivarte a viajar, a sumergirte en tu océano interior y si te agrada, desplazarte por fuera, degustar la belleza de la Madre Tierra, aprender de ella llenándote de paz y armonía, es nuestra casa y, en simultáneo, nuestra medicina, nuestro ritual y nuestra fiesta.

Poco antes de partir, parafraseando al poeta quiero decirte: confieso que he viajado, desde ese día que me dijeron que la vida es un viaje de retorno a las estrellas.

FRATERNALMENTE,
Chamalú

carta 38
Mujer cuántica

ESTIMADA REBELDE:

Fue el invierno último cuando, después de un corte de energía eléctrica de tres días de duración, constató que vivía una mentira, que sus actividades recreativas eran un recurso evasivo, que detestaba su trabajo, que no se conocía ni era feliz, que sus actividades sociales eran una maratón de mentiras donde cada uno interpreta un personaje que en realidad no existe, que sólo son buenos modales, destrezas sociales ensayadas con insistencia, una gimnasia de disimulo donde participan casi todos.

Cuando ese jueves estaba eximido de ir al trabajo, cuando no había energía para conectarse ni forma de evadirse, cuando no podía salir de casa y estaba obligado a estar con él mismo y no tuvo más remedio que ponerse a reflexionar, corriendo el riesgo de encontrarse, cuando ningún recurso evasivo estaba disponible y el silencio se convirtió en anfitrión obligado, sintió miedo, náuseas; caminó por todo lo ancho y largo de su impaciencia, fue al patio trasero de su vivienda, constató que hacía mucho no llegaba hasta allá, quiso leer un libro, este hábito ya lo había perdido, se sintió animal enjaulado en una circunstancia que no era nueva, sólo que ahora carecía de recursos evasivos y estaba atrapado, sólo con él mismo, evitó preguntarse para gambetear a la depresión, pero no había otro sitio, el presente resultaba indisimulablemente opresivo. Descendió de la impaciencia que habitaba, recorrió la mitad de su paciencia, quiso salir, constató que ya estaba fuera, afuera de su vida, a la intemperie de una existencia en la cual hace tiempo no era protagonista; lo curioso es que aparentaba normalidad.

¿Qué es la vida?, no pudo evitar preguntarse, ¿por qué vivo como vivo? ¿Por qué me incomoda tanto no poder conectarme a la red, no ir al trabajo si en el fondo lo detesto? Se pasó la mano sobre la frente, el umbral de sus dudas comenzó a instalarse, quiso poner la cerradura con llave para dejar afuera a la incertidumbre; al final, cuando acomodó la terca cerradura, comprobó que lo incierto estaba dentro. Demoró en salir de su confusión, ya no sabía si era de noche o de día, su fatiga existencial se convirtió en miedo, a lo lejos, escuchó las campanadas fatales, un día más había transcurrido, bruscamente admitió su incertidumbre, la sospecha de estar viviendo una mentira, la farsa inútil de estar ocupado, los fragmentos de su existencia en permanente contradicción. ¿Pero qué es la vida? ¿Quién soy? Ciertamente me desconozco, pensó; muchos duermen, pero duermen en paz, nunca se darán cuenta que se pasaron la vida durmiendo, que su vida era una prisión construida con la más dura rutina; intentó ignorarse, fracasó en el empeño, detestó la situación en la que se encontraba, se hundió en algún lugar de esta vida, nadie supo de su existencia, quizá vivió al norte o al sur, al este o al oeste, carecía de huellas, ni siquiera fue necesario olvidar, porque nunca existió de verdad.

La vida tiene una dignidad silenciosa que sólo otorga la consciencia. Quizá la vida sólo sea un juego de probabilidades, por ello no podemos predecir lo que va a suceder, todo es aleatorio, danza de coincidencias, sincronía de posibilidades sin un libreto previo, todas las partículas que nos componen están conectadas al Universo que también somos, porque la materia es sólo la energía en otro formato. El átomo, no es una realidad terminada; somos átomos, atómicos, estamos inconclusos, no nacemos humanos, somos un proyecto evolutivo, somos la tendencia de la energía en evolución, somos la posibilidad evolutiva de la energía, una especie de semilla de Universo que vino a la tierra con intenciones de germinar su evolución.

Estamos hechos de lo mismo que el Universo, de ese Universo que es pura energía; somos energía, pura energía, energía que se presenta como vibración. Si cada uno armoniza y eleva su nivel vibratorio hasta conectarse con el Chej Pacha, habremos comprendido nuestro tiempo, el de cada uno, y sabremos instalarnos en nuestro espacio y, desde allí, como intención y emoción, mover la energía en la dirección precisa.

La materia es sólo la tendencia a evolucionar de la energía y expresarse en vida, es decir, en un paquete de onda que, en su forma avanzada, la denominamos consciencia, energía elevada con posibilidad de existencia consciente de su existencia. Es la consciencia la que crea el Universo. La consciencia evolucionada alcanza a comprender una parte de lo real profundo, de lo multidimensional y de la magia de la vida. Si la consciencia crea al Universo, ¿quién crea la consciencia? La consciencia es creada por la consciencia del Universo que se crea y recrea a sí misma, es decir, la consciencia humana despierta es la sucursal de la consciencia del Universo, del Chej Pacha que tiene como sucursal invisible a la consciencia humana y como franquicia tangible al cerebro. El cerebro es el receptor que canaliza el flujo y reflujo energético proveniente de todas partes, la inubicable consciencia es la matriz de todo lo humano y la representación invisible del Chej Pacha.

El Universo no es algo mecánico ni predeterminado, nada es como tiene que ser, porque la energía y la vida son sistemas abiertos, incluso la muerte no tiene poder sobre la vida, al ser sólo una modificación del formato de la energía. Sin embargo, comprender esto requiere el apoyo de la magia, de la intuición y en especial de la inteligencia Sutil, de la imaginación y la fantasía, porque la lógica y lo racional, no sólo no ayudan, sino que interfieren y confunden, es preciso saber usar cada herramienta en su contexto y alcance.

La materia está hecha de partículas, pero las partículas tienen propiedades mágicas, sólo perceptibles a la inteligencia sutil. Una partícula es también una onda de itinerario imposible de conocer, es más, su presencia no se limita a esta realidad, una partícula está aquí y en otra parte, eso nos otorga a los humanos el carácter multidimensional y las posibilidades mágicas abordadas desde la inteligencia sutil, más aún, ahora que ya está oficialmente aceptado que todo está entrelazado, situación que explica las curaciones a distancia y el acceso a información incluso de otras épocas. Si las partículas pueden estar en varios sitios a la vez y estamos hechos de partículas, esto es una posibilidad a nuestro alcance; en verdad vivimos en más de un sitio, sólo que la somnolencia existencial de la mayoría impide que sean conscientes de esta posibilidad. Cuando dormimos sólo guardamos el cuerpo físico; en el descanso nocturno salimos a otros planos usando nuestros cuerpos sutiles, la razón intenta explicarlo resignándose al final a pensar que sólo fue un sueño, lo cierto es que salimos a otros lugares, a otros tiempos y aprendemos y ayudamos, porque la vida no se detiene y la energía tampoco.

La vida no es determinista es probabilística, coexiste en muchos estados posibles, por ello resulta insuficiente y estéril ser explicada por una ciencia determinista y lineal. Somos resultado de infinitas probabilidades, esto se expresa también en las inteligencias que desplegamos, porque la vida precisa transformar y enfocar energía y activar su posibilidad evolutiva para cumplir su propósito existencial. Siempre escuché decir a mis abuelos: "todos es uno, todo está vivo".

La interdependencia es interconexión a niveles micro y macro, siempre somos parte de algo más grande y algo más pequeño nos constituye. Sabemos que la energía se viste de vibración para presentarse al tiempo, que incluye el espacio; quizás el vacío del que nos hablan los físicos sea la inexistencia de la materia, quizá el vacío existencial sea la inexistencia de la vida, en su faceta evolutiva, quizás salirse del tiempo lineal y cronológico nos permite acceder a ese otro tiempo, que se acelera o enlentece, al cual podemos fusionarnos en experiencias extáticas y de unicidad; es probable que, al aprender a ver la vida desde la totalidad y admitir la existencia de la inteligencia sutil, podamos explicar lo invisible y comprender que también somos el otro y que la vida es la alquimia de la materia convirtiéndose en energía más elevada, en el laboratorio de la evolución.

Si no alcanzamos a comprender a la naturaleza y el Universo nos parece extraño, es sólo por nuestro limitado crecimiento consciencial, entonces, en niveles aún crepusculares de consciencia, con una evolución incipiente, la naturaleza pone sus límites que determinan lo que podemos hacer y comprender y lo que está pendiente, inaugurando de esta manera la zona de misterio que la razón humana no alcanza a entender todavía. En verdad, la naturaleza juega a las escondidas, se esconde transformándose, apareciendo en otra parte, cambiando de forma, modificándose ante la mirada del observador, distorsionándose cuando se intentó medirla, todo a su tiempo y de la manera precisa; recuerda que antes de la zona de misterio, se encuentra la zona sagrada, quien no acampó previamente en ella, de la mano de la reverencia y en un contexto de coherencia creciente, se extraviará en la zona de misterio, reservada para las consciencias despiertas.

Una gota de sangre al microscopio es un microuniverso. Lo más real del Universo es la consciencia, que la ciencia actual aún no sabe explicar. Es probable que el Universo se copie a sí mismo, que habitemos con distintos cuerpos diversos universos. Quizá todo lo que existe sea real, aunque se presente invisible a nuestros ojos; tal vez nuestro Universo es sólo una burbuja en una nube de burbujas conectadas y sincronizadas; quizá el Universo sólo sea una red de sinfonías cósmicas que ocurren simultáneamente pero en tiempos distintos y exclusivos, en un escenario de universos paralelos interconectados; quizás los invisibles sólo sean habitantes de otros universos, detectables por la inteligencia sutil acrecentada.

Es decir, somos más poderosos de lo que hasta ahora creemos, disponemos de más inteligencias, más sentidos, más poder, más sensibilidad, sólo precisamos darnos cuenta de ello y comenzar a repensarlo todo, a desaprender lo innecesario y reaprender lo fundamental pendiente, a reinventar nuestra vida y descartar más días perdidos e inventar nuevas antiguas formas de vivir, con la vida como protagonista y nuestros poderes e inteligencias guiando esta experiencia.

Precisamos pulir el diamante que somos, renacer las veces que sea necesario, contemplarnos hasta descubrirnos, identificar nuestra misión, prepararnos para cumplirla, sostener el tiempo lúcidamente sintonizado con el silencio, dejar caer los miedos, dispersar emociones sin la jerarquía de la sabiduría, labrar nuevas huellas, aprender a viajar sin cuerpo, acumular ternura, encontrar nuevos soles, sincronizar los latidos, encender aprendizajes rápidos, consagrar cada uno de los días. Es un hecho, vivir vivos requiere aprendizaje, la vida humana posee cuerpos invisibles, no somos los mismos pero estamos aquí de nuevo, sin memoria directa ni aspecto parecido, pero somos los mismos, aquellos que aún no reconocemos en los sueños, éstos que llegaron desnudos, desgajados de la eternidad para vestir el ropaje de la fugacidad mientras dura la experiencia evolucionaria en la tierra.

Sólo tienes que habitar en ti, en lo más profundo de ti, caminar con alerta reverencia por el bosque de lo imprevisto y permitir que tu silencio estalle y se active tu poder, para que recuerdes sin demora tu propósito existencial, esa misión que incluye tu evolución, la razón de tu visita a la Tierra. Una gota de sabiduría vale más que mil máscaras sociales con las cuales encubrimos el sinsentido. Recuerda quién eres y haz lo que viniste a ser y hacer en esta vida, eso es suficiente. Recuerda también que estás fabricada con el mismo material que constituye el Universo, que tus

átomos conocen otros planetas, diversos tiempos y
múltiples dimensiones, ésta es una posibilidad de convertirte desde que despiertas, en una mujer cuántica,
sucursal del Universo en lo humano y destinada a continuar la evolución de la vida provisionalmente vestida
de mujer.

A continuación quiero recordarte un deber adicional: convertirte en Guardiana de la Madre Tierra.✳

FRATERNALMENTE,
Chamalú

carta 39
Guardiana de la Madre Tierra

ESTIMADA GUARDIANA:

La Biosfera es la constelación de ecosistemas creativamente encadenados en armónica interdependencia. Están enlazados, también, el pasado, mediante las
huellas presentes y el futuro, colección de semillas que
germinarán oportunamente; todo está entrecruzado,
la finitud es una partícula de eternidad; los humanos
somos el eslabón entre los animales y los dioses.

La vida en lo humano envejece, la evolución en
vigilia constante preserva su itinerario. El desarrollo contemporáneo, desde su paradigma irreverente,
corrompe el equilibrio natural, encendiendo desequilibrios y convocando holocaustos. Es urgente el
retorno de la mujer sagrada, de la sembradora del

fuego incinerador, la que desata vientos y se empapa de sudor y gemido cuando hace falta, la que luce una transparente y nostálgica inocencia al contemplar los escombros de su entrañable Madre Tierra y, simultáneamente, más allá de la lágrima y la nostalgia, la que está dispuesta a desenfundar la espada del amor y el escudo de la imperturbabilidad, ocupando el lugar de Guardiana de la Madre Tierra, Mujer hoguera, que transporta tatuado su silencio, dispuesta a ahuyentar el suicida artificio de una civilización patriarcal que precisa manicomios, cárceles, epidemia de depresivos, creciente cantidad de drogadictos y una infinita vocación destructiva, llamada desarrollo. Un poco más de desarrollo convencional y estaremos perdidos.

Ya sabes que el futuro será femenino o no habrá futuro. Esto es una invitación para que la mujer, con urgencia, se despierte y, a continuación, se conozca y se transforme, crezca y recupere el lugar que le corresponde y restituya, de la mano de su sensibilidad y su poder recobrado, el paraíso en la Tierra. No vamos a hablar demagógicamente de los derechos de la Madre Tierra, eso no es tema de discusión. Quiero referirme en esta carta a los deberes de la mujer despierta, quiero hablar de la Hija de la Tierra, de la Guardiana de la Pachamama, esa mujer que está en constante crecimiento y desarrollo, servicio y orientación. Ella sabe que es la cuidadora, la protectora de la Madre Tierra e indirectamente de las hijas y nietas que vienen detrás, las cuales tendrán que recibir este legado con el ejemplo.

Asegúrate que las otras mujeres que conoces también se conviertan en guardianas de la Madre Tierra, que comiencen desde niñas aprendiendo a vivir de manera armónica con la Tierra, cuidando los bosques y plantas, amando las flores y el mundo animal, aprendiendo desde temprana edad la importancia de respetar la diversidad y oponerse a prácticas antiecológicas, a actividades de desforestación y agresión a la Madre Tierra. Esos son tus deberes como Guardiana de la Madre Tierra.

Se trata de ir reaprendiendo a vivir como antiguamente vivían los pueblos indígenas, obviamente no se trata de volver al pasado, sino de recuperar la sensibilidad y comprender que la naturaleza somos nosotros, también el planeta y una parte del Universo. Esto nos lleva a la recuperación de los saberes ancestrales, a un reencuentro con las abuelas y abuelos como bibliotecas vivas, a revalorizar lo local y lo comunitario, a desarrollar una actitud crítica respecto a prácticas y políticas extra activistas, así como a rechazar el uso de químicos en la agricultura y de semillas transgénicas y de prácticas como la agricultura extensiva y el monocultivo, que sólo fabrican desiertos verdes y alimentos tóxicos.

Es necesario saber que los países pobres no tienen derecho a destruir la Tierra para salir de la pobreza, lo que precisamos es cambiar el modelo de sociedad, construyendo uno más humano, más ecológico y justo. En esa dirección es importante continuar resistiendo a la modernidad y sus seductoras falacias. Es preciso ir apoyando procesos de integración regional y comprendiendo la importancia de la interdependencia con la que funciona la biosfera y el necesario intercambio energético, al interior del paradigma de considerar al planeta un ser vivo. Es urgente reaprender a vivir sin destruir, esta labor se encuentra en manos de la mujer despierta, la cual tiene, debe saber que el futuro es ahora, que si no aprendemos a vivir sin destruir el resto será supervivencia y holocausto.

No quiero pecar de alarmista, pero es importante que la mujer abra espacios de reflexión y debate, donde se considere el mundo que queremos entregar a nuestros hijos y nietos, e ir poniendo en tela de juicio los intentos egoístas de algunas élites empecinadas en continuar destruyendo al planeta, mientras preparan costosas colonias en el espacio. Es importante que todas las mujeres en este tiempo sepan cultivar la tierra, preparar alimentos saludables, conservar frutas deshidratadas, curar con las manos y elementos naturales, conocer y almacenar semillas orgánicas, además de tener en casa reservas de comida no perecedera para épocas críticas.

Las casas y viviendas de este tiempo deberán ser sismo resistentes, la ropa, adecuada para diversos climas, también tener en casa, en un lugar semisecreto, una reserva de alimentos de larga duración, así como linternas, velas, filtros de agua, elementos de primeros auxilios y algunas herramientas para circunstancias en las cuales la supervivencia en el planeta sea una inevitable realidad.

En lo interno, es importante estar en buen estado físico, estar preparada para conservar la calma en circunstancias difíciles, saber defenderse si fuera necesario y, fundamentalmente tener la claridad mental y la fortaleza emocional para poder manejarse con lucidez en las más diversas circunstancias. Estoy pensando, por ejemplo, en un contexto de supervivencia tener puntos seguros donde refugiarse o saber qué llevar en la mochila de emergencia si toca salir con rapidez, o saber encender fuego, o tener una ruta de escape en caso de un desastre natural en la ciudad donde vivimos.

Es importante saber que en situaciones de crisis las personas actúan guiadas por el instinto de supervivencia. En esa situación no hay código ético ni amistad, sino sólo instinto de conservación. Es en escenarios como esos que tenemos que saber tomar buenas decisiones, así como poder evitar el robo o pérdida de las provisiones de emergencia que tenemos. Está claro que el trabajo interior es fundamental en circunstancias como las que mencionamos, al igual que tener personas de confianza con las cuales podamos organizarnos, apoyarnos o defendernos juntos.

El mundo aún conserva equilibrios precarios a nivel de la convivencia social, esto, sin embargo, podría fragmentarse y traducirse en desesperación o desobediencia civil en situaciones de escasez de alimentos o agua. Estos escenarios no son demasiado lejanos en este tiempo, lo que significa que prepararse en todo sentido supone mirar con serenidad y con un profundo realismo las tendencias que en este momento se están alimentando, en un contexto de ecocidio, de explosión demográfica y de ausencia de trabajo interior de la mayoría de las personas.

Ser Guardiana de la Madre Tierra, en este contexto, incluye prepararse integralmente para los tiempos que vendrán. Descartamos presagios y profecías, lanzamos a la basura miedos y otras alimañas civilizatorias; en el fango de este tiempo, retoña la esperanza, anticipando el retorno de la mujer sagrada, la que al despertar se convierte en Guardiana de la Madre Tierra.

Preparada para sobrevivir y en especial para vivir. Esa es la intención de esta carta, invitarte que te gradúes de golondrina, que vistas el lujoso traje de la felicidad, que el manantial de tu libertad, gota a gota, desgaste tus últimos miedos y, a continuación, pulas el diamante que eres y, abrazando a la plenitud por la cintura, avances indetenible por la ruta de tu evolución consciencial. Recuerda que ser Guardiana de la Madre Tierra te implica totalmente con la vida, con el linaje de las abuelas luminosas, que un día encendieron lo sagrado y alejándose de la ignorancia, cultivaron en el jardín de su corazón las rosas del amor incondicional, desde el cual reforestaron consciencias y se apasionaron por la vida. Si te sientes en resonancia con la Guardiana de la Madre Tierra, quiero contarte un secreto: hay otra espiritualidad, más natural y mundana, más festiva y creadora, es probable que también tú dinamices tu crecimiento con ella. Continuemos. ✦

FRATERNALMENTE,
Chamalú

carta 40
Espiritualidad mundana

ESTIMADA BUSCADORA:

Es probable que todos los caminos lleven a Roma, sin embargo, no todos los caminos llevan a la liberación que anhelamos, más aún, de la mujer que precisa una libertad más grande, que le permita curar sus heridas, reconstruir su sensibilidad, recuperar su poder y, enamorada de la vida, lanzarse al abismo de lo impredecible. En ese supremo acto de valentía y no antes, le brotarán las alas, sedientas de inéditos vuelos.

Es monótono el fanatismo y gris su primo hermano fundamentalismo; el surco está vacío y la existencia podrida, de quien repite desde el piloto automático, consignas que reemplazan a la capacidad reflexiva y a esa actitud crítica, fundamental en tiempos de manipulación.

La espiritualidad de la que te hablo en esta carta es traslúcida y abundante en inocencia, tiene nubes color arcoíris y azul el fuego para preservar su carácter purificador. La libertad es peregrina, desolada la rigidez; es alérgica al cautiverio y le gusta caminar por todas partes, sin protocolos ni pomposos rituales; su transparencia queda satisfecha con la humildad y la reverencia, con el agradecimiento y la simplicidad creadora. Se trata de una espiritualidad mundana, desnuda de jerarquías y convertida en un estilo de vida. Esta espiritualidad se divierte rompiendo cadenas, sorprende al conservador y encandila con el resplandor de su libertad al timorato buscador. Se trata de una espiritualidad práctica, que no cree en el destino ni admite al peregrino sufridor. Nosotros sabemos que el sufrimiento es innecesario, que la inteligencia creadora se esconde en cada átomo y en los otros universos, que tiene distintos nombres y habita en la zona de misterio, donde la explicación racional caduca y el milagro se convierte en otros estados de consciencia. No es una creencia más, es convertir al cuerpo en altar, al silencio en oración, a la felicidad en ritual, al amor en estilo de vida y a lo mundano, en nuestro templo.

Entendemos por mundano lo terrenal, es decir lo cotidiano. Sabemos que desde enfoques religiosos se asocia lo mundano con la priorización de los placeres, ahí aparecen los hedonistas, los pecadores, los que viven supuestamente sin dios. Ocurre que para nosotros lo mundano es inevitable, porque estamos haciendo una vida en este mundo, nuestra experiencia evolutiva ocurre aquí, con sus aciertos y errores, una vida que implica simultáneamente espiritualidad y estar presentes en lo cotidiano. Lo importante es no asociar lo espiritual con las religiones. En este sentido proponemos una espiritualidad natural, que dialogue con lo mundano, una espiritualidad que no necesite dioses castigadores ni infiernos generadores de miedo, ni supuestos paraísos que actúen como soborno para portarse bien.

Te propongo, al interior del aprender a vivir, saber equilibrar lo interno con lo externo, ser tú misma en todas partes, considerar que todos los días son sagrados. Esa es la espiritualidad natural de la que hablamos, sin creencias fanatizantes ni iglesias que se consideren dueñas de la verdad. Es la comprensión de lo mortal dialogando con la eternidad, lo perecedero conectado con lo místico. ¿Es que acaso lo invisible no puede ser también patrimonio de la humanidad? Con frecuencia me pregunto si no será posible un misticismo sin la presencia específica de una divinidad. Me pregunto también si las religiones castradoras y represoras no terminan siendo inmorales sin mencionar el depravado comportamiento de muchos de sus sacerdotes y su predilección por el acoso sexual a los niños.

Mencionamos espiritualidad mundana porque afirmamos que lo espiritual no tiene nada que ver con las religiones. Ser espiritual para nosotros significa acogerse al misterio, aceptar que hay cosas que no podemos explicarlas desde la razón, conectarse espiritualmente con la Tierra, plantear la vida desde una disciplina consciencial que te permita vivir con calidad, es decir, disfrutando de todo lo que te pasa en un contexto de espiritualidad, que se asombra por el misterio de la vida y sus espacios sagrados.

Cuando te hablo de una espiritualidad mundana, te quiero decir: "transforma el mundo transformándote". Es bueno comenzar conociéndonos y familiarizándonos con lo que necesitan los otros y, a continuación, diseñar nuestro estilo de vida garantizando simultáneamente la evolución de nuestra consciencia y la contribución a la transformación del mundo. Si cambias tus pensamientos ya comenzaste a cambiar tu vida; si transformas tu vida, ya comenzaste a cambiar el mundo. Esto es espiritualidad mundana, el arte de ser espiritual desde nuestra condición humana, es decir, el arte es una expresión espiritual y lo humano es una forma de inteligencia del Universo, que temporalmente se plasma en la tierra.

No se trata de creer o no creer en dios, sino de que tu vida tenga sentido, tu existencia espíritu y tu paso por la tierra consciencia. Eso es ser espiritual, es decir, una nueva dimensión de la espiritualidad natural, basada en la sabiduría ancestral. ¿Comprendes cuando te digo que los indígenas no son ateos ni religiosos? Si te conmueve la belleza de la naturaleza y del Universo, ya posees una postura espiritual en tu vida, porque el humano desde la remota antigüedad, a denominado "dios" a la inteligencia que opera en el Universo y en el átomo; esa misteriosa inteligencia es la espiritualidad natural que opera conectándonos con el infinito, permitiéndonos sentir la presencia viva de lo invisible y presentir la eternidad desde nuestra fugaz condición humana. Eso es espiritualidad mundana, profundamente vivencial.

Dios es una pregunta sin respuesta, una palabra intraducible, un misterio sólo descifrable desde el éxtasis. Para nosotros espiritualidad es la consciencia de la belleza de la fugacidad de la vida y esto es totalmente mundano y absolutamente celestial.

Antes de celebrar otra despedida quiero dejar contigo el rumor de esa otra espiritualidad, que no requiere más templos que la vida, más altares que tu cuerpo, más creencias que tu felicidad, más ofrendas que tu amor, más destino que tu libertad, más deberes que el cumplimiento de tu misión, posibilitando tu ininterrumpida evolución. La espiritualidad mundana es la espiritualidad de los abuelos y los invisibles, de los habitantes de la zona sagrada de la vida, allá donde la fiesta deviene en ritual y éste en un modo de vida, con cisnes blancos nadando apacibles en el océano de la serenidad. ¿Comprendes el valor de la caricia elevada a categoría de mística y el éxtasis, la alfombra voladora para viajes a otros universos? Hay otra espiritualidad y ella comienza apasionándose por la vida con el respectivo desapego y el temblor de la primera vez. ¿Lo recuerdas? Si vislumbras un suspiro en la otra orilla de tu nostalgia es indicio que aún tienes la suficiente vida como para decirte: ¡Bienvenida!

Sólo recuerda traer tus alas para los próximos vuelos.◆

FRATERNALMENTE,
Chamalú

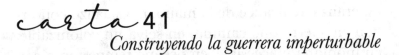

carta 41
Construyendo la guerrera imperturbable

ESTIMADA GUERRERA:

No, por favor, no más distracciones, fíjate cuánto tiempo de tu vida ya ha pasado. Tampoco se trata de apelar a justificaciones o transportar remordimientos; te necesito guerrera, liberada de temores, con el alma en buen estado físico para tener, en todo momento, la flexibilidad necesaria e ir por la vida con la descomplicación reglamentaria que toda guerrera posee. Te necesito insoportablemente feliz, vibrando desde la ternura, ejerciendo tu deber existencial de la libertad, esto es, generando pocas necesidades, viajando por la vida con el liviano equipaje de la paz, apasionada por cada momento y con la dosis suficiente de desapego para garantizar ese mágico fluir que deja huellas inspiradoras.

Evoco a esa mujer, amazona de linaje, constante en su crecimiento, persistente en su disfrute, con el pulso firme y el temblor corporal cuando corresponde a la altura de su sensibilidad; imprevisible, sorprendente, no apta para la domesticación. Visualizo una mujer profunda y misteriosa, conectada con la Luna y meditando sobre la Tierra, con flores en el pelo, caricias en las manos y sacando cada día a pasear a su libertad, mientras otras sólo se atreven a salir con su mascota. Te imagino distante de la estupidez, atenta a cada enseñanza, con valor interminable y la esperanza al alcance de la mano; te visualizo convertida en Tierra que camina, en selva no colonizable, en montaña inaccesible, en océano tempestuoso con capacidad de controlar su descontrol, en viento danzante y luna invisible cuando corresponde. Te imagino interminablemente tú. Esa es la guerrera de la que vine a hablarte en esta carta.

La fuerza de la guerrera radica en su flexibilidad; su poder opera de manera desapercibida y sutil, las adversidades terminan fortaleciéndola y graduándola de experta en conflictos. Hablamos de la guerrera no en un contexto bélico, sino, simplemente mundano, porque la mujer al despertar y encender su fuego precisa convertir esa vela encendida en una hoguera. Sólo de esa manera podrá fortalecerse con las adversidades y continuar adelante indetenible. En este sentido, resulta imprescindible saber manejar conflictos, ya que la inseguridad es lo único seguro y el entorno garantiza incomprensión.

Precisamos repoblar el planeta con mujeres fuertes desde el corazón, con mujeres poderosas desde lo sutil, con Amazonas contemporáneas, mujeres preparadas solamente para todo; esa es la guerrera que aludimos, la que reinterpreta lo que le pasa antes de reaccionar instintivamente, la que observa incluso cómo observa. Ella sabe que si mira profundamente un problema, éste se transfigura y se convierte en una oportunidad y una enseñanza. La guerrera observa cómo su lucidez, asesorada por la intuición, toma las decisiones; cómo elige sus objetivos y la manera de lograrlos; gradualmente se va convirtiendo en artista, esculpiendo su particular estilo de hacer las cosas. Observa a la gente sin dejar de observarse, escucha incluso aquello que cuidadosamente se evita decir, trata de conocer a los demás, ponerse en su lugar, está consciente que hay intereses en juego, carencias, miedos, sin embargo, elige escuchar a todos y tomar decisiones con ayuda de su sensibilidad e intuición.

La guerrera aprendió a no delegar el poder de ponerla mal y hacerle perder su centro a nadie, de esa manera se vacuna ante entornos adversos, desarrollando una gran capacidad de afrontar la adversidad y simultáneamente adaptarse a circunstancias cambiantes, a soportar actividades bajo presión, a no permitir que la envidia o la mala interpretación afecten su autoestima, y a mantener intacta la capacidad de afrontar dificultades, encarnando el aforismo nietzscheano: lo que no me destruye, me fortalece.

La guerrera es imperturbable porque ejerce con impecabilidad la indiferencia amorosa, convive tranquilamente con la incomprensión y es vecina de la calumnia. Es realista y soñadora, estudia la situación que le ha tocado vivir, preserva la serenidad, se permeabiliza ante entornos adversos y lleva hasta las últimas consecuencias su felicidad, al punto de ser catalogada de insoportablemente feliz. Está consciente que en la vida todo tiene un carácter provisional, por lo que no se aferra ni apega, fluye tratando de garantizar el necesario control de las intenciones, emociones y relaciones. Sabe de la importancia de la empatía, de la necesidad de la tolerancia y de lo innecesario de la frustración. Trata de escuchar a todos, de moverse en función de las prioridades al interior de un plan, con objetivos claros y maneras precisas.

La guerrera sabe que los conflictos están garantizados, que las divergencias son normales, porque convivimos en el bosque del libre albedrío, por lo que es importante saber gestionar las diferencias, ponerse en los zapatos del otro y manejar las diversas circunstancias con serenidad y creatividad. Sabe de la importancia del optimismo y la necesidad de la perseverancia, de la paciencia y de la urgencia de aprender a vivir y manejar bien nuestro tiempo. Tiene cuidado con no querer tener siempre la razón, por lo que se esmera en aprender a manejar una comunicación efectiva; sabe que vivir es un arte y que todo puede ser una enseñanza, que lo que importa en su condición de guerrera es la capacidad de superar las diferentes pruebas que le presenta la vida. Está consciente que no hace falta temer a los errores y que rehacerse de ellos es también un arte.

En definitiva, la imperturbabilidad es simplemente esa indiferencia amorosa que le permite continuar aprendiendo, creciendo, disfrutando y ayudando, al ritmo de la intensidad existencial elegida, consciente que la vida, con estas características no va a repetirse.

Antes de despedirme, quiero saber cuán cerca de la vida te hayas, qué haces cuando el tiempo libre se sienta a tu lado, cómo templas tu poder interior, cómo afinas tu vibración para que la infelicidad o el desamor no terminen desafinándolo y de tu vida emane ruido en vez de música, como le pasa a tantas mujeres que viven sin vida.

Ya sabes que puedes, que debes, convertirte en guerrera, que puedes usar tus encantos para reapropiarte de tu vida, que eres golondrina, montaña, volcán, pantera y todo lo que anheles en esta vida, porque la vida eres tú, sólo precisas desenfundar la espada del amor y protegerte con el escudo del humor; el resto, apuntarte a la danza de la vida consciente que tu fuerza precisa de tu sensibilidad y que el nuevo mundo te reclama vestida con alas. ¿Guerrera?... ¡mucho gusto! El placer es suyo.✛

FRATERNALMENTE,
Chamalú

carta 42
¿Qué estás haciendo por el mundo?

ESTIMADA LÍDER:

La somnolencia de la mujer dormida es irremediable si ella no aporta la dosis mínima de voluntad. El mundo está como está, por un lamentable déficit de líderes femeninas, que armadas de su visión, de su sensibilidad, de su intuición, salgan a la vida dispuestas a enmendar los errores masculinos. La mujer en sí misma es poderosa, sin embargo, precisa despertarse y germinar sus potencialidades, de lo contrario, será víctima de su epilepsia emocional y el descontrol de su energía la invitará a transitar por la pasarela del ridículo, debidamente aislada de la sabiduría y brillantemente estúpida, transportando fatigada el maquillaje reglamentario para participar del festival del disimulo, donde cada una acude disfrazada de lo que no es.

Es preciso dar algunos pasos en dirección a la vida, fusionarse con ella, amar la tierra y el misterio, concebir nuevos atrevimientos y, abandonando el confort de la frivolidad, apuntarse en cuerpo y alma a la vida, consciente que no se puede eludir la responsabilidad de estar en la tierra vestida de mujer.

Mujer significa, nacida para crear. Comienza por creer en ti, descubre tus capacidades; enfrenta sin vacilar al obsoleto machismo que te quiere convertida en objeto decorativo, resiste la tentación del nomeimportismo; la vida es una ocasión para desplegar tu potencial y convertirte en esa emprendedora existencial, la que alquimizó su instinto en intuición, la que recicló la miseria y descartó el sufrimiento, la que al llegar al límite de lo insoportable preservó la serenidad, la identidad, las raíces y se apuntó a la dialéctica de la transformación.

No fue necesario invocar ayudas externas, sólo unirse con otras mujeres, conspirar juntas, sincronizar sus lunas y dar la espalda a la cloaca de lo convencional, inventando nuevos estilos de vida, donde la vida sea lo más importante. Un requisito previo, fue importante cumplir: convertirse en líder de su propia vida, orientando su amor al servicio y su palabra a la motivación, convirtiendo su ejemplo, desde la coherencia creciente, en un factor inspirador, y su inicial insatisfacción en resorte impulsor para graduarse de indetenible.

Comencemos redefiniendo el liderazgo, no como oportunidad de ejercer el poder sino como servicio intensificado de la mano de tu sensibilidad e intuición. Vivimos tiempos femeninos, la mujer está habitando su Pachacuti, ese ciclo en el cual puede emerger con fuerza volcánica su potencialidad y ocupar el lugar que el Universo le ha reservado ahora.

Cuando te hablo de la mujer despierta, me refiero a esa líder natural que comienza liderando su vida y revolucionando su existencia. Estoy pensando en esa mujer que ha desarrollado capacidades existenciales y habilidades comunicativas, esa mujer que maneja la palabra con impecabilidad, porque sabe que con ella se mueve la energía, esa mujer que se ha ido trabajando y llevando su vida a una posición desde la cual puede reinterpretar todo lo que pasa, acumulando valor y creatividad, comenzar a dejar huellas distintas en un mundo escaso de buenos ejemplos.

Quiero hablarte a ti como potencial líder, como mujer dinamizadora de procesos existenciales. Vine a decirte que seas lo que pareces, porque si eres pero no pareces, te irá mal. Hace falta ser y parecer y cultivar la semilla del poder en el terreno de la coherencia. Ten consciencia de lo que dices, lo que expresas con y sin palabras. Recuerda que cuanto más crezcas, cuanto más desarrolles tu perfil de líder, el poder de persuadir, de manipular o seducir será mayor.

Haz que crean en ti, cultiva el árbol de la confianza, genera credibilidad, que los demás observen en tu coherencia un argumento irrefutable, que tu apariencia vaya adecuada a la circunstancia en la que te encuentras, que en todo momento estés consciente de la importancia de desarrollar la empatía, así como las habilidades sociales que te permitan saber escuchar con paciencia y amor, saber expresarte, saber manejar conflictos y ser experta en motivar.

La pregunta con la que comencé esta carta: qué estás haciendo por el mundo, es una directa alusión a la importancia de no pensar sólo en ti misma. Eres mujer, las mujeres son la mitad del planeta. Sabemos que el mundo aún está en manos masculinas y, sin embargo, es importante que recuerdes que el futuro será femenino o no habrá futuro. Me gusta reiterar esta frase con insistencia, para enfatizar en la importancia, en la urgencia del despertar de la mujer y su inmediata reconstrucción como ser humano destinado a vanguardizar la construcción de un nuevo mundo.

Quiero verte con una imagen renovada, adecuada a tus nuevos objetivos; si es necesario cambia tu percepción y, a continuación, analiza y reflexiona la situación en la que te encuentras y la coyuntura en la que se encuentra el planeta. El mundo necesita mujeres líderes, mujeres armadas de su conocimiento y su capacidad de amar, capaces de desencadenar liderazgos intuitivos y emprendimientos existenciales en los cuales pueda florecer tu misión y garantizar tu evolución consciencial.

Refúgiate en tu interior, es la fase menguante de la luna que eres, y cuando amanezca tu fase creciente, trabaja minuciosamente la imagen pública que quieres tener y la manera en la que quieres posicionarte. Recuerda que la idea que los demás tengan de ti, será lo que te abra o cierre puertas. El resto, germinando tu liderazgo, consiste básicamente en identificar en el mundo en el que vives qué necesidades están pendientes de ser satisfechas y, a continuación, unir tus talentos y tus pasiones para ayudar a resolver esas carencias pendientes. Ese también es el itinerario de la emprendedora y de la mujer que ha construido un puente entre la misión que tiene y las necesidades más urgentes en el mundo exterior.

Para terminar, quiero preguntarte qué estás haciendo por ti en la perspectiva de dinamizar tu aprendizaje y crecimiento y fundamentalmente preguntarte: ¿qué estás haciendo por el mundo?, más aún en coyunturas como la presente, en la cual urge el relevo de los liderazgos convencionales y su propensión al despilfarro. ¿Qué estás haciendo por el mundo, ahora que sabes lo poderosa que eres y la libertad que posees? ¿Qué estás haciendo por el mundo, luego de darte cuenta de las múltiples capacidades que posees? ¿Qué estás haciendo por el mundo ahora que ha caducado y se torna obsoleto el liderazgo masculino con preeminencia del hemisferio izquierdo y del culto a lo visible, a lo racional y lo externo? ¿Qué estás haciendo por el mundo ahora que sabes que ni siquiera nacemos humanos, que nos humanizamos a partir de una educación concientizadora y que la base de esa educación es el trabajo interior? ¿Comprendes la importancia de un liderazgo intuitivo?, ¿de la aparición de una nueva generación de emprendedoras dispuestas a reconstruir la humanidad y que sembrando escuelas de sabiduría en todas partes comiencen a formar klanes femeninos, desde los cuales comience a fermentar el impulso transformador que nos permita volver a repoblar el planeta de seres humanos felices y amorosos? Para este maravilloso itinerario he venido a convocar a tu corazón e invitarle a reconstruir el futuro, esta es una invitación para que puedas sumar tu sensibilidad y tu ternura en la construcción de un mundo nuevo, a partir del entorno en el que te encuentras. Espero que acudas sin demora a esta cita y que traigas contigo tus alas.

Te propongo experimentar la vida hasta las últimas consecuencias, descivilizarte un poco y recuperar la salvaje que llevas dentro, para ser capaz de sostener una existencia soberana y con límites elegidos por ti. Entonces, descubrirás que el placer es natural, que la vida es una escuela evolutiva, que en realidad ella comienza donde otras terminan; que la lucidez incluso a nivel afectivo es posible, que la demencia senil es síntoma de no haber aprendido a disfrutar la vida y sus misterios, que la amargura emana del pantano de una infelicidad crónica; que es posible gambetear al machismo y abrirnos paso entre adversidades e incomprensiones, que es posible ir más allá de lo convencional nauseabundo e cometer las transgresiones necesarias y comenzar a dejar huellas inspiradoras que más temprano que tarde serán recogidas por otras mujeres.

El placer no se posterga, el tiempo no espera, la vida se cultiva cada día, hoy y cada día; desde ahora, es el tiempo adecuado para dejar tu legado, esa herencia que un día recibirán las mujeres de tu linaje. Tu ejemplo será el mejor regalo, el recuerdo de haberte visto poniéndole ladrillos a tus sueños y apostando tu vida a favor de la construcción de un mundo nuevo. ¿Qué estás haciendo por el mundo? Tienes la palabra.✳

FRATERNALMENTE,
Chamalú

carta 43
Apasiónate desapegadamente

ESTIMADA BUSCADORA:

Si llegaste hasta esta carta, presiento que tomaste la decisión de hacerte cargo de tu vida y, a continuación, diseñar nuevos sueños. Ya sabes que estás construida, con el mismo material de las estrellas; angustiarse no tiene sentido, renegar, es hemorragia energética; entonces, sólo resta, apasionarse por la vida, sumergirse en su atmosfera de misterio, sintonizando el sonido del silencio y admitiendo la fugacidad de nuestro paso por la Tierra.

Que se disgregue lo innecesario, que naufraguen los temores inducidos, que se congreguen las ganas y, convertidas en entusiasmo abatan al pesimismo y enciendan el fuego de la vida, desde el mismo centro, allí donde se almacena la semilla de la pasión. No quiero más paréntesis ni esperas, no más víctimas ni enmarañadas justificaciones que terminan haciéndole juego a la estupidez. Hay indigencia existencial inducida, nos consta que están devastando la vida y aprisionando la libertad. La belleza lúcida es crucial en esta coyuntura para erosionar la falsa normalidad y deteriorar la zona de confort, allá donde se adormilan consciencias y se convierte a la mujer en zombie consumista y desechable.

El retorno de la mujer sagrada debe ser consolidado. Nuestras barricadas son el corazón y la consciencia, los asesores son invisibles, la ideología, esa filosofía de vida que forma y transforma; el objetivo: recuperar la dignidad y hacer de la vida una obra de arte. El anhelo de esta antepenúltima carta es retener tu mirada, ayudarte a derribar algún límite pendiente y dejar en tus manos afilada poesía, para que puedas desde tu estilo de vida estremecer los cimientos de lo convencional y abrir tus alas al viento.

Si estás leyendo esta carta, si llegaste hasta este punto, presiento que puedo contar contigo, con tu intensidad existencial y esos rayos de amor a la vida; ¿te atreves a que tu vida ocurra desde ahora, allá donde la plenitud es real? ¿A probar la vida en su versión plena? ¿A vivir viva, sin olvidar que entre la tierra y el cielo, sólo estás tú. Calcula con precisión cada detalle, fluye con creatividad, apasiónate desapegadamente, por que la vida plena va por ese camino.

Saca el máximo partido de la vida, aprendiendo de todo lo que te pasa y llegando al punto de hacer lo que te toca, por el placer de hacerlo. ¿Estás consciente que te regalaron la vida? ¿Estás consciente que ella es un juego sagrado, donde es preciso aprender a fluir porque ello equivale a ir por el sendero de la vida descomplicadamente? Ya sabes, vine a recordarte, a decirte: no te conformes con vivir cerca de la vida, atrévete a vivir entre los sueños y la realidad, recordando que el Universo te considera parte de él.

¿Sabías que tus sueños, esos sueños locos que te atrevas a tener, te mantendrán optimista en las situaciones difíciles de la vida? En esta vida donde ya no importa ganar o perder, sino vivir y crecer, disfrutar y compartir. Si puedes, sé un poco más apasionada, recuerda que te tocó el premio mayor: ¡estás viva! Mañana serás de nuevo tierra y luego Universo y después misterio invisible a los ojos, pero hoy estás aquí, empuñando tus latidos, ardiendo cada luna llena, impregnando con el aroma de tu presencia, allá donde acuden tus pasos.

Vine para recordarte que no pierdas la gran oportunidad de vivir bien, de apuntarte a la vida plena y, a continuación, vivir con todo, vivir la vida que soñaste, con la pasión y el desapego de quien sabe que este paso por la tierra puede ser una experiencia inspiradora e inolvidable. Se trata en el fondo de hacer un compromiso con la vida y generar devoción por ella, contemplar con otros ojos las flores, las estrellas y los amaneceres. Prohibido, a partir de ahora dar la espalda a la vida y esto se traduce en hacer que hoy sea tu mejor día y así cada día, sin permitir que nadie te quiete las ganas de vivir; vine a eso, como el cartero que te dice al oído: "te quiero soñadora y apasionada, con tus alas disponibles y tus párpados luminosos, con las ganas encendidas y la flecha de tu decisión, apuntando al cielo". Era sólo eso, recordarte que éste es tu tiempo y que la clave es apasionarse desapagedamente. ✪ Así te espero.

CON NOSTALGIA,
Chamalú

carta 44
El klan de la Musa

ESTIMADA MUSA:

Mujer despierta significa esperanza. Ya sabes que tienes el poder que necesitas y la sensibilidad que precisas, sólo hace falta germinar talentos adicionales y desplegar sin pudor tus pasiones, para con ellas rediseñar tu nuevo estilo de vida. Tus derechos ahora son tus deberes; ya no es concebible una mujer dormida llevando a cuestas su infelicidad; las épocas de fervor han regresado, ya no puedes rehusarte a admitir que el sexo fuerte eres tú, desde el momento que despiertas tu alma. Que la vida sea dura, no es ningún problema si reactivaste tu poder, ese que te permite patear tus miedos y sonreír ante la opinión incomprensiva de los demás.

Estás aquí para continuar la evolución del Universo. Jamás tengas miedo de ser tú misma, porque el futuro de la humanidad está en manos de las mujeres despiertas; despertar significa olvidar todo y reprogramarte, rediseñar tu vida, armarla con otra mirada y con la sensibilidad intacta. No basta decir "No", a lo que no tiene sentido, es preciso apostar la vida a favor de la vida. El camino no será fácil y ello será más estimulante para incrementar tu creatividad, tu lucidez y ese crecimiento constante, de la mano de una disciplina disfrutada.

Abundan las alternativas de solución, lo que escasean son mujeres lúcidas, vestidas de sabiduría y portando el estandarte de la humildad. Sé una de ellas; la fuerza de la mujer no se demuestra levantando peso ni agrediendo al prójimo o al próximo. El poder femenino nace de la ternura, de la autoestima, de la sensibilidad y la sabiduría, de la coherencia, del fervor de servicio. Comienza aplicándolo a sí misma, traducido en un creativo autocontrol que le permite gobernar sus intenciones, emociones y relaciones.

Cuando hablamos de la MUSA y su Klan, no nos referimos a la mujer biológica, no tiene sentido, aludimos a la Amazona, a la mujer guerrera que tiene poder sobre sí misma y lo ejerce de manera rigurosa con ella y sutil con los demás, de forma tan artística que hasta sus críticas parecen halagos. Aludo también a la mujer que es fiel a ella misma, a la que está consciente que no hay más tiempo que para amar y disfrutar, para crecer y servir; aludo a la mujer que ama desde su poder y, por ello, no teme actuar con humildad.

La MUSA es un espíritu que cuida de sí misma, de los demás, de su Klan y de la Madre Tierra. Ella sabe usar el silencio y tañer la campana de la crítica cuando corresponde; guarda flores en el pelo y frases hermosas en sus labios, conoce el perfume de la felicidad y el fango del sufrimiento; en esa escuela aprendió la solidaridad y la reciprocidad, la comprensión y el amor incondicional. Por ello asume como compromiso supremo el contribuir al despertar de otras mujeres.

Está consciente que toda mujer al despertar, extraña su Klan, esa tribu de mujeres que hablan el mismo idioma, que cantan las mismas canciones y se miran con complicidad, alimentando ese ancestral sentido de pertenencia. No se trata de buscar comprensión sino de tener cómplices con quienes conspirar juntas, esas revoluciones existenciales en las que se encuentra. Sabe que sufrir es una pérdida de tiempo y energía, por ello se apresura en formar círculos femeninos, reunirse en las noches de luna llena para cantar y danzar, para encender el silencio meditativo y compartir la palabra sagrada, sanación colectiva, ritual compartido, fiesta de la vida que se renueva al ritmo de la luna.

Es probable que ésta sea la escala final, la pausa previa al salto cualitativo que convertirá la oruga en mariposa. Quien no aprendió a volar oportunamente, que luego no se queje; ésta es una invitación a la autenticidad. Sé tan autentica, que nadie pueda imitarte, sé la mejor versión de ti misma y en permanente transformación maneja tu vida de acuerdo con tu código ético, con tus objetivos e interpreta las cosas que ocurren según tu glosario; recuerda que la Musa juega con sus propias reglas, por ejemplo, elimina la palabra imposible de tu vocabulario. Que la vida sea fácil o difícil, carece de importancia, mejor con grandes desafíos, de esa manera no habrá riesgo de quedarse dormida.

Si la vida fuese más extensa, tendríamos tiempo para perder, no es el caso, la vida es breve y con la prolongada somnolencia existencial inducida, más corta aún. Urgente pasar a la acción. En ese sentido, quiero preguntarte: ¿qué estás haciendo para ayudar a despertar a las demás mujeres? Si tuviste la oportunidad de acceder a estas cartas, sin duda no es una casualidad. La vida te convoca para reforestar corazones, alimentar ese sentido de pertenencia y crear klanes femeninos donde muchas mujeres puedan llevar su tristeza y reciclarla con ayuda de esta filosofía de vida.

Los klanes femeninos son para reconstruir las tribus matriarcales, círculos sagrados para hablar de la vida y el futuro, para reconstruir sensibilidades y curar heridas, para fortalecer identidades y, en un contexto de alianza energética invisible, recuperar el poder y esa vertiente sanadora, que comience curando ancestrales heridas. El Klan de la MUSA es el sindicato de soñadoras, la constelación de mujeres

despertando dispuestas a cumplir su propósito existencial. Los klanes que te proponemos son las escuelas iniciáticas femeninas, donde la mujer renace a la
vida y, a continuación, se compromete al despertar de
otras mujeres.

La mujer despierta, la que formará klanes femeninos, sabe que no se puede vivir a medias ni ser feliz día
por medio. Sabe que la belleza no es la apariencia, que
ella tiene más relación con el estilo de vida y el uso de
la inteligencia que con procedimientos cosmetológicos.
La mujer despierta, la que se forma para reconstruir
los klanes, es devota de la felicidad, sabe que ella no depende de la presencia de un hombre ni su tranquilidad
de la opinión de los demás; sabe que el mejor vestido de
fiesta es la ternura lúcida, que ese es también su mejor
maquillaje, que la mujer despierta es invencible y que
la elegancia comienza con la autenticidad, con un estilo lúcido y creativo de vida. La mujer despierta sabe
que la sensibilidad femenina no está perdida, sólo dormida, que su poder nace de una vida coherente, que
el peor error femenino es olvidarse de sí misma, que la
cordura masculina merece toda su desconfianza.

La infelicidad es un sendero frío, a lado de un abismo, lo sabe la mujer despierta, por ello se apresura a
convocar a otras mujeres para decirles que la vida es
otra cosa y comienza a constituir círculos femeninos,
klanes de mujeres despertando que se reúnen sigilosamente en las noches de luna llena. Lo que pasa en el
klan es envuelto en impenetrable silencio, un síntoma,
sin embargo, delata a quienes participan de él: salen

radiantes, con perfume de rosas y afilada capacidad crítica, dispuestas a pintar de colores el futuro y dejar a su paso inspiradoras huellas que hablen de las viejas novedades, incluso en ausencia de ellas.

No se sabe mucho más de ellas, que se protegen con agua marina, que sus manos transportan caricias, que son fuertes como el agua y danzan como el fuego. Se dice también que coleccionan luciérnagas en la mirada y usan la emoción justa en el momento preciso y que, a veces, dejan huellas falsas, para no ser atrapadas por las redes de lo convencional. Se sospecha que los klanes, son los viveros donde germinan las mujeres dispuestas a despertar y que las Musas son las jardineras que cultivan esa nueva especie de mujer, no apta para la domesticación. Del retorno de la mujer sagrada quiero hablarte en mi última carta. Si acudes a ella, lleva un poco de nostalgia, porque será, nuestro último encuentro.

FRATERNALMENTE,
Chamalú

carta 45
El regreso de la mujer sagrada

ESTIMADA BUSCADORA:

Quiero comenzar esta última carta con una confesión: he dedicado la mayor parte de mi vida al despertar de lo femenino, he sido un paciente jardinero. He sembrado estrellas y sueños, alegrías y esa frondosa rebeldía, para que dé cobijo a toda iniciativa transgresora y, al llegar la noche, he sembrado crepúsculos para combatir la oscuridad y relámpagos cuando fuera necesario.

Confío en el regreso de la mujer sagrada, de estirpe lunar y túnica de misterio, doncellas guerreras iniciadas a la vida, dispuestas a llevar su existencia a otro nivel. La he observado pacientemente y admito que se ha multiplicado mi esperanza: el retorno de la mujer sagrada es posible en la medida en que se transmita este latido.

Recuerda, la Mujer Sagrada es la combinación de SACERDOTISA, que convierte su vida en ceremonia; SANADORA, que renace curando sus heridas y, a continuación, ayuda a las demás; SABIA, porque posee la sabiduría, convertida en el arte de fluir descomplicadamente por un mundo complicado; y SALVAJE, porque se atreve a ser ella misma, espontánea, inocente, lúcida y fuerte. La mujer sagrada, la MUSA, como suelo denominarla, escribe poesía con su cuerpo, en forma de danza que inaugura la fiesta de la vida; transporta un elocuente silencio, a menudo no necesita de las palabras para compartir su filosofía, su presencia es suficiente para verter esa vibración que habla de otras formas de vivir. Ella trajo de otros tiempos lo sagrado, como su armadura de guerrera, sabe que su sensibilidad la hace poderosa, que su coherencia sostiene la espada de su poder, que el amor incondicional la vuelve simultáneamente seductora y mística. La MUSA va por la vida, empapada de felicidad.

Vive sus instantes completos, con expectativas, pero sin aferrarse a ellas, eso preserva su libertad y la capacidad de poseer objetivos renovables, vacuna contra la frustración. Sabe que no todo sale como quiere, que la traición existe y la envidia se arrastra en la penumbra de la ignorancia; desde su alerta sereno responde con una sonrisa, dando al enfado oportunista con la puerta en la cara. Ella se pone triste cuando observa injusticia, entonces, sus lagrimas son color arco iris mientras su felicidad permanece intacta.

Es amiga de las piedras, tiene lazos de parentesco con los árboles, se siente hija de la Madre Tierra y la Luna es su confidente. La MUSA es realista y soñadora, transparente y absolutamente honesta, su vida está rigurosamente regida por su código ético, su zona sagrada es intocable. Expresa lo que siente sin pudor, es artista usando la palabra, no permite que ningún sonido se resbale de su silencio, jamás usa máscaras y no tiene problema de besar a la vida en la boca. Se levanta cada mañana como impulsada por un resorte, hace la pausa meditativa y, empuñando su rebeldía, sale al mundo dispuesta a disfrutar, aprender y ayudar. Sabe que su itinerario es su ruta de crecimiento, que debe continuar cultivando las flores secretas en el jardín de su corazón, mientras sus pies consumen tiempo y sus alas la transportan a otras dimensiones. Hay cosas que son ciertas, pero no en esta realidad, ella lo sabe.

La mujer sagrada sabe que la vida es diferente a lo que nos contaron, por ello y haciendo uso de su imperturbabilidad, establece cuidadosamente las pautas con las que manejará su vida. No le importa si a su alrededor existen pirañas o tiburones, está preparada para todo, en especial, para evitar conflictos y crecer con todo lo que le pase, sabe en el fondo que es una Amazona, conoce sus fortalezas y la capacidad de aflorar, una deslumbrante belleza, como consecuencia de un comportamiento ético y transparente. Desde que abre sus ojos, aprende y agradece, no pretende ser perfecta, sólo preservar su bienestar y crecimiento. Está consciente que será rechazada por los hombres dormidos, que su presencia asusta, que ellos sólo son fuertes ante la mujer sumisa, que puede ser extraordinaria y autosuficiente y que no precisa pedir permiso a nadie para ser ella misma.

La mujer sagrada está retornando en forma de mujeres de distintas edades. Ellas están despertando y, a continuación, desplazándose sigilosamente por las grietas de esta civilización. Saben que toca jugar un rol distinto, asumir la herencia de las abuelas, retomar el linaje matriarcal de sabiduría, situarse más allá del maleficio de la estupidez, del miedo y, a continuación, luego de despedirse de la tristeza, reunirse con otras mujeres despiertas a la sombra de la luna llena.

Las características de la mujer sagrada son diversas, son de distinta edad, diversa actividad y habitan en todas partes. Las he visto recogiendo gotas de rocío y repartiendo el perfume de la motivación, rebelándose ante lo insoportable y convirtiendo sus brazos en abrazos; las he visto también elaborando pan casero en una casa de campo, gerenciando una empresa desde el corazón y la intuición, incendiando temores pendientes y, a continuación, echando las cenizas al viento. Las he visto arriando emociones y cultivando el misterio, inaugurando el amanecer con su canto y desparramando silencio bajo las estrellas, las he visto acariciando la piel de la vida, con sed de nuevos aprendizajes, las he visto místicas y sensuales, libres, reverentes, locas y artistas, derribando muros y pateando prohibiciones; las he visto, incluso, leyendo estas cartas, entre sollozos y promesas, desatando sus vidas y atardeciendo tranquilas, diciéndose a sí mismas: ¡Misión Cumplida! ☆

Te sugiero guardar este manuscrito y hacer con tu vida..., lo que ella te pida.

Es probable que entonces nuestros horizontes se entrecrucen de nuevo. Hasta Siempre…

CON NOSTALGIA,
Chamalú

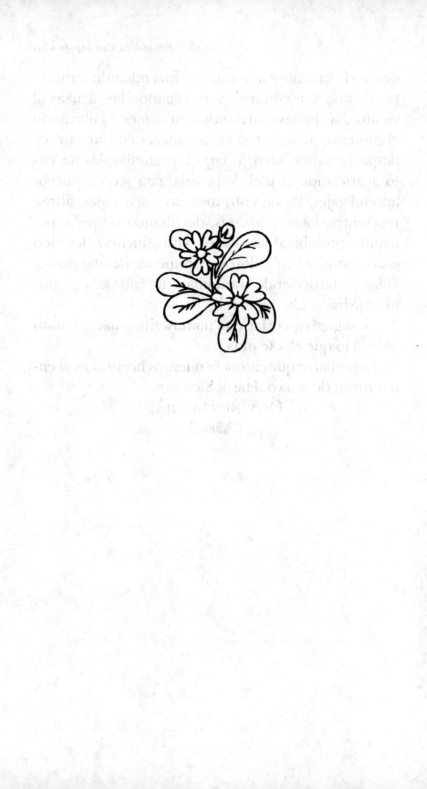

Anexo

Comunidad Matriarcal Janajpacha. Breve historia de la Comunidad Ahsram chamánico Janapacha, una escuela para aprender a vivir, abierta a buscadores de todo el mundo. Fundada en 1990 por Chamalú y presidida por mujeres formándose con esta filosofía de vida.

Llueven imposibles cuando intentamos poner de pie nuestros mejores sueños. Al principio tenía algunos miedos, sin embargo, terminé por arrinconarlos a todos, en cuanto pude lanzarlos por la ventana que toda coyuntura posee. Fue necesario también cruzar muchos ríos de hipocresía, montañas de envidia, emboscadas de gente vacía, alguna utopía ridiculizada, optimismos crucificados, libertad prisionera, caminos fáciles que llevan más rápido a ninguna parte.

Alguna vez intenté irme a otra parte. Todo era lo mismo, un campo de concentración donde todo está prohibido menos perder el tiempo y la energía. Me sentí deambulando en un desierto. Finalmente identifiqué mi norte; comprendí que la vida es una aventura sagrada, pero aventura al fin; descubrí que los guardias de lo convencional dejan grietas en el asfalto de su vigilancia; que nada es inapelable; que el espectáculo de lo convencional es provisional sólo mientras cada uno despierte y constate que, en esta civilización todo es mentira. Trajeron información distorsionada, educación somnífera, familias encargadas de introducir los miedos básicos y un conjunto de estímulos para que todo parezca verdad, aunque en el fondo carezca de sentido.

Descubrí que debo regresar a mi esencia, reconstruir mi identidad, recuperar mi visión y mi sensibilidad, añadir a mi vida diaria color y atrevimiento, rebeldía lúcida y fervor existencial para situarme en el punto justo, donde la vida adquiere su nivel de intensidad preciso, ese nivel vibratorio donde todo deviene en magia y milagros. Abandoné prematuramente el conformismo, buceé en el océano de la sabiduría ancestral, me despedí de todos los miedos que hasta entonces me habían acompañado y comencé a jugar con mis propias reglas, como si nunca hubiera sido educado, como si las estrategias de civilizarse nunca se hubieran usado conmigo. Y comencé a practicar con maestría el arte de vivir plenamente, de la mano del poder interno que me otorgaba la categoría de soberanía existencial y la indispensable sensibilidad que me permitía sentir y presentir lo que debo ser y hacer.

En ese proceso recuperé la visión y pude contemplar un sueño color arcoíris, una comunidad etnoecológica, convertida en una escuela para aprender a vivir. Mi visión me mostraba un mándala arquitectónico compuesto por ocho casas circulares, alineadas en un circuito energético, organizado en torno a un centro; me mostraba un jardín paradisíaco y gente con la felicidad encendida. El fulgor provenía de todas partes, las noches estrelladas tenían categoría, intransigentemente de maravillosas; el humo era de colores y el silencio decía tantas cosas. Las lágrimas eran de alegría; las turbulencias emocionales, por innecesarias, habían sido desterradas a tiempos transcurridos; la gente había aceptado desaprender lo que sabía, para reinventar su vida y liberar su potencial interior. Janajpacha es su nombre y se constituye en el primer Ashram chamánico, la primera comunidad ecológica, la primera escuela para aprender a vivir. El futuro había llegado, la libertad corría por todo lo ancho y largo de Janajpacha, compartiendo la alegría de vivir con sentido y felicidad.

La utopía se fue poblando rápidamente, el requisito era ser un soñador empedernido de esos incurables que arriesgan todo a cambio de ver hechos realidad sus anhelos. Y llegaron los cantos y las danzas, la libertad comenzó a verse caminando de cuerpo entero, pisoteando las peores prohibiciones. Las ocho casas y el centro ceremonial constituyeron un mandala que se convirtió rápidamente en un microclima energético donde todo era diferente. Personas de los cinco continentes acudieron para amasar juntos futuros diferentes. No fue fácil, no fue difícil, es la vida continuando la evolución. Un volcán de buenas noticias, el renacer de las viejas novedades, la consolidación de una zona liberada donde es posible aprender a usar las adversidades para fortalecerse, los imprevistos para trabajar la fluidez, los problemas para ampliar los límites, y la gente insoportable para trabajarse la paciencia creativa, el amor, el humor y la imperturbabilidad.

Janajpacha, palabra quechua que significa «paraíso», fue el nombre que se otorgó a esta utopía encarnada, una zona liberada donde la rebeldía estaba recomendada y la espontaneidad bien vista. Entrar en Janajpacha es viajar a otro tiempo, es navegar por mar abierto, con la oscuridad clarificada y el asombro perpetuo; es aprender de todo lo que pasa y crecer con aquello que te ocurre, más allá de preferencias o antipatías; es reconciliarse con la diversidad, ingresar en territorios inéditos, despedirse del apego y pintar de colores la sombra que todos poseemos, antes de reciclarla y convertirla en inocuo recuerdo.

Aprender a vivir es la profesión previa que todos debemos cultivar antes de especializarnos en temas técnicos y, con ello, generar los necesarios ingresos económicos. Aprender a vivir nos permite palpar el follaje completo de una existencia que por sí misma carece de sentido. Nacemos a oscuras, nunca nos hablan de la vida ni del manejo de la energía. Al constatar esta evidencia, decidí crear una Escuela para Aprender a Vivir, un espacio donde cada uno pudiera conocerse y no confundir la piel con la identidad, la apariencia con la esencia; un espacio pedagógico donde cada uno pueda interrogar a la vida y desde ese reportaje, llegar a reconocerse e identificar la estructura completa de los sueños y el metabolismo de la energía que en el fondo somos.

Decidí crear una experiencia que fuera distinta para cada uno, donde el aprendiz elija lo que precise, donde cada uno disponga de la libertad suficiente como para equivocarse sin remordimiento, a tiempo de carecer de necesidades innecesarias. Un espacio-tiempo donde la inocencia se paseara desnuda sin miedo ni riesgo, donde la libertad pueda correr hasta cansarse y la primavera reinventarse inextinguible y con idéntico fulgor; una escuela para la vida donde el aroma del aprendizaje sea permanente, donde la frescura de la felicidad desate a la creatividad y cada uno despierte la mejor versión de sí mismo.

¿Dónde escondiste tus mejores sueños? ¿Ese atrevimiento que te hacía invencible? No basta aprender información técnica, graduarse en una profesión, tener poder adquisitivo y graduarse de cadáver pudiente devorado por el consumismo. Quise refundar la esperanza y…, nació Janajpacha, costeando lo prohibido y como la expresión más elaborada de mi pasión por la vida.

Janajpacha no es una metáfora ni un sueño hermoso, es una utopía encarnada, situada en Bolivia, cerca de la montaña sagrada en Cochabamba, centro geográfico del país, en un espacio de varias hectáreas y casas ecológicas y circulares. Un septiembre de 1990 nació Janajpacha. Allí caduca lo sectario y todo fundamentalismo queda ridiculizado por la libertad, más libre que nunca. Luego del purificador desaprendizaje, ahí aprendemos a aprender, mientras construimos al aprendiz y comprendemos nuestra misión, recuperamos nuestro poder, reconstruimos nuestra sensibilidad y jugamos con racimos de luz mientras los miedos, abandonados oportunamente, quedan temblando en su angustia, presintiendo que están condenados al olvido, mientras la primavera de la vida florece silvestre, salvaje, consciente de que esta experiencia no volverá a repetirse. Habitamos tiempos femeninos, el arco está tenso, la flecha fue lanzada. La invasión de lo nuevo es inevitable, el regreso de la mujer estaba anunciado. La libertad es el río, el cauce. El cuerpo femenino, obstinado lugar sagrado capaz de inducir altos vuelos, deja de tragarse miedos, naufragar principios y embriagar soledades. Esa niebla se llama mujer despierta, portando la espada de su poder y el escudo de su sensibilidad, sin más límites que su propia sed de trascendencia. No es una venganza, es ocupar el sitio que le corresponde, en los escombros del tiempo que ya fue; y al amanecer de otro Pachacuti, llameante escenario renovado que fluye a contracorriente, ceñido a los límites marcados por la más rigurosa libertad, dispuesta a retorcer lo convencional y degollar rigideces y falacias. El retorno de lo femenino es la consecuencia de lo carcomido de una civilización que precisa cada vez más cárceles, más manicomios, más policías, más drogas y más armas para hacer soportable lo insoportable.

Janajpacha nació para ser una experiencia fundamentalmente femenina, sin paredes ni miedos, sin normas, sólo con principios y consciencia. No es necesario encorsetar al viento ni darle horario a la lluvia, no es posible encerrar en una caja al arcoíris ni postergar el otoño. Húmedas son las mejillas de la desesperanza; ninguna mujer nació para pasarse la vida contabilizando cicatrices en desesperada espera de lo que no llega. La libertad es el personaje favorito en

Janajpacha, un abanico de oportunidades para que la mujer sea ella misma, pero lo mejor de ella, delicada y fuerte, calculadora y espontánea, rigurosa y festiva, protectora y sensual, inocente y atrevida, todo al mismo tiempo, como tormenta continuada por el Sol y las flores. Eso es Janajpacha, la primera experiencia comunitaria de carácter matriarcal. El hombre que no confía en la mujer, no es confiable.

Janajpacha es una zona donde la mujer recupera su sensibilidad y su poder y los convierte en un estilo de vida, que en lo colectivo adquiere forma de matriarcado: mujeres tomando decisiones, mujeres eligiendo, mujeres asumiendo el liderazgo. Obviamente se trata de mujeres despiertas, mujeres que afloraron su potencial luego de conocerse y reconocerse, después de convertir la oveja en felino y hacer de la rebeldía la planicie donde su alma insatisfecha acampó definitivamente.

El despertar de lo femenino es la reconexión con la Madre Tierra y la recuperación de la fuerza y del poder que ello implica. La mujer, toda mujer despierta, es tierra que camina, tierra que respira, guardiana de los secretos ancestrales que se corona cada vez que la reverencia entroniza al corazón para que sienta y presienta, decida y visualice, encienda el fuego y germine la semilla, disuelva los antiguos temores artificialmente inyectados en su energía y liberada de todo lo innecesario, descartando cualquier máscara, para que palpite sincronizada al pulso cósmico. La mujer despierta es incesante cantera de milagros, es manantial de intuiciones, es arrasadora presencia mágica, profunda, sensual, misteriosa, ola que se mueve, transcurre y regresa, que se pierde y reaparece, incomprensible, inentendible, peligrosa y simultáneamente inocente. Sucede que la mujer despierta es monzón furibundo, abolición de miedos, desmoronamiento de prejuicios, viaje a la cima de lo prohibido.

Pureza es ausencia de pudor, virginidad es pertenecerse a sí misma por sobre todas las cosas, sin dejar que nadie la cosifique ni crucifique su libertad. La belleza es el enigmático idioma que habla su cuerpo para desmantelar la razón, que en vano construyó muros conceptuales de rigurosa racionalidad que colapsaron en su presencia. La mujer despierta es naturalmente inevitable, es inútil cerrar la puerta para evitar su entrada, ella, de antemano, ya estaba adentro. La mujer despierta es el misterio con ropa y la fiesta de los sentidos, el sendero de impecabilidad y el iniciático aprendizaje en los secretos de la vida, donde es posible recordar lo que fuimos y transitar a todo lo largo y ancho de la felicidad silvestre, esa que no depende de circunstancias efímeras, sino de haber desatado la capacidad de saborear el presente con tanta intensidad, que terminamos sintiendo la eternidad mientras el éxtasis se asoma a nuestro presente sin ganas de marcharse.

La mujer despierta precisa rodearse sin demora de mujeres despertando y con ellas confluir en círculos en las noches de luna llena, para cantar y danzar, para intercambiar aprendizajes y dejar que las alas de su libertad se acaricien y cuenten cuentos de otras realidades, cuando en sueños reales visitaron las zonas prohibidas por la razón. Un día escribí en mi diario un mensaje urgente para la mujer: «Esconde bajo tu ropa las alas que te brotaron, deja huellas falsas, disimula tu intensidad existencial y que la danza de tu vida sea parcialmente invisible, para pasar desapercibida y sólo dejar huellas cuando sea estrictamente necesario. Prepara tu energía para ocupar la totalidad de tu existencia, no importa que la incomprensión toque las puertas de tu presente; toma precauciones, camúflate y cuando sea necesario, saca tu auténtico rostro y muestra el tamaño de tu libertad; a continuación, reconcíliate con la inseguridad y haz lo que tu consciencia decida».

Entregar Janajpacha a la dirección femenina fue como decorar de flores el jardín que venía cultivando, es fundar una república femenina al otro lado del mundo, fusionando los secretos de la montaña con los cantos de la selva, el silencio de los desiertos con la altivez del lago Titicaca, todo ello elevado a categoría de inevitable, con la presencia de mujeres vestidas con alas, pétalos de luz fabricando música propia, ubicadas en el punto justo donde la libertad se encuentra con la inocencia y descartando el pudor, formando una rebeldía lúcida, escenario preciso para que el desbordante éxtasis hegemonice la coyuntura y juntos, impulsados por la presencia femenina, descubramos que la vida es otra cosa. Janajpacha es el hemisferio donde todo es posible, incluso sentir el infinito en un instante y la eternidad en cada momento, plenamente vivido. ✳

Esta obra se terminó de imprimir
en abril de 2019, en los Talleres de

IREMA, S.A. de C.V.
Oculistas No. 43, Col. Sifón
09400, Iztapalapa, D.F.